Skilanglauf

Verena Niebling

Skilanglauf

Praxiswissen vom Profi:
Klassisch und Skating

BRUCKMANN

Inhalt

Das Skilanglauf-Feuer 9

Vorwort 11

Einführung 15

    Skilanglauf –
ein einzigartig gesunder Sport 15

    Faszination
»Gleiten auf Schnee« 17

    Warum Outdoorsport gerade
im Winter so wertvoll ist 18

    Ein über 5000 Jahre altes
Fortbewegungsmittel –
Geschichten über
Steinzeitjäger, Holzpferdtürken
und Birkebeiner. 21

Materialkunde 31

    Der Aufbau eines Langlaufskis 31

    Zur Ausrüstung 32

    Ski für die klassische
Lauftechnik 32

    Der Papiertest 35

    Ski für die Skatingtechnik 36

    Bindungssysteme 37

    Langlaufstöcke 38

    Langlaufschuhe 40

Skipräparation und Pflege 47

    Allgemeine Hinweise 47

    Warum werden Ski gewachst 47

    Checkliste zum
Pflegematerial der Gleitflächen . . . 48

    Gleitwachse 50

    Pflege der Gleitflächen 50

    Strukturieren der Gleitflächen
(für Fortgeschrittene) 53

Inhalt

Checkliste zum Pflegematerial
der Steigzone eines Wachsskis
(für Fortgeschrittene) 54

Steigwachse (für Fortgeschrittene) . . 54

Präparation und Wachsen
der Steigzone beim Wachsski
(für Fortgeschrittene) 56

Reinigung der Steigzone. 59

Steigzonenpflege beim
Schuppen- und Zero-Ski. 60

Skiaufbereitung
(für Fortgeschrittene) 60

Erste Schritte und Sicherheitstraining 65

Übungen zur Skigewöhnung
und Gleichgewichtstraining 66

Bremstechniken 70

Kurven bergab fahren 73

Kurven treten. 76

Spurwechsel 78

Klassische Lauftechnik 85

Vorbereitende Übungen 85

Diagonalschritt 89

Doppelstock 91

Doppelstock mit Zwischenschritt
(für Fortgeschrittene) 93

Grätenschritt. 94

Abfahrtstechnik. 95

Technikwechsel. 96

Wann wende ich
welche Teiltechnik an? 97

Nordic Cruising 97

Offtrack Cruising/Backcountry. . . . 98

Inhalt

Skating 103
Vorbereitende Übungen 103

2:1-Technik
mit aktivem Armschwung 109

2:1-Technik (Führarmtechnik).... 112

1:1-Technik (für Fortgeschrittene). 116

Diagonalskating 118

Abfahrtstechnik............... 118

Technikwechsel............... 119

Wann wende ich
welche Teiltechnik an? 121

Grundlagen zum Training auf Schnee 125
Struktur einer Trainingseinheit .. 126

Trainingsmethodik 127

Training mit der Pulsuhr 131

Was tun bei Muskelkater? 132

Ernährungstipps 133

Beweglichkeitstraining......... 134

Sommertraining und Ausgleichssport 143
Nordic Walking, Skigang und
Schrittsprünge................ 143

Inline-Skating,
Nordic Blading und Skirollern ... 145

Cross-Skating 149

Sommer-Langlauf im
»Skitunnel« oder am Gletscher .. 150

Allgemeines Ausdauer-, Kraft- und
Koordinationstraining.......... 153

Verantwortung und Verhalten ... 163
Beschilderung und Hinweise 163

Touren- und Trainingsplanung... 164

FIS-Verhaltensregeln
für Skilangläufer 166

Respekt gegenüber der Natur.... 167

Anhang 170
Skilanglaufregionen
und Loipeninfos 171

Rechtliche Grundlagen 177

Schlussbemerkung............ 179

Interessante Links............. 183

Quellenverzeichnis/Literatur 183

Register 187

Impressum.................. 192

Inhalt

Das Skilanglauf-Feuer

Mit drei/vier Jahren habe ich mit dem Langlaufen begonnen und betreibe es bis heute mit sehr viel Freude. Von klein auf hat mein »Skilanglauf-Feuer« gebrannt und es lodert bis heute. Mich zog es schon immer nach draußen, ich habe es als Kind und Jugendlicher geliebt durch den Wald zu laufen, mit den schmalen Langlaufskiern über selbst gebaute Schanzen zu springen und mich mit Freunden und meinen Geschwistern zu messen. Ich wurde mit den Jahren besser und besser darin, ich habe immer viel Spaß am Sport und bin stets motiviert bei der Sache. Immer wieder neue Höchstleistungen zu erzielen ist für mich sehr reizvoll, das ist für mich »Kitzel«, Spannung und der Reiz, den ich brauche und suche. Diese Höchstleistungen haben mich wiederum angespornt noch besser zu werden. Aber das ist nicht alles! Mit der Stirnlampe nachts lautlos durch die Natur zu gleiten ist ein tolles Erlebnis von denen es zahlreiche weitere beim Skilanglaufen gibt. Auf den schnellen Firnschnee im Frühjahr freue ich mich auch immer besonders. Es gibt nichts Schöneres als mit langen Schritten durch eine perfekt präparierte Loipe bzw. Klassisch-Spur zu gleiten. In perfektionierter Lauftechnik schneller und schneller Ski zu laufen, gibt mir ein Gefühl von Freiheit. Die schönste Belohnung ist nach langen, anstrengenden Anstiegen in eine rasante und kurvenreiche Abfahrt zu brettern. Die vielen zahlreichen Naturerlebnisse auf Skitouren sind einfach ein Genuss, ob auf dem Gletscher, im Wald oder durch eine Hügellandschaft. Niemals möchte ich dies missen! Langlauf ist Therapie für Körper und Geist: Befreiung vom Alltagsstress, bei gleichzeitiger Stärkung des Körpers. Skilanglauf kann jeder betreiben, ob Jung oder Alt, gleichgültig ob man 1 km oder 100 km läuft. Jeder findet sein

Niveau und kann dies individuell formen bzw. entsprechend trainieren.

Mein Trainingsmotto: »Trainiere heute so, dass du auch morgen gerne trainieren gehst!«

Verena Niebling gibt ein Überblick über die Sportart Skilanglauf und erläutert die Lauftechniken, zudem finden Sie hilfreiche Tipps zur Umsetzung. Der Erwerb dieses Buchs ist ein möglicher Start in die Langlaufwelt. Ich gratuliere dazu und wünsche viel Spaß beim Üben und Trainieren, denn die eigentliche »Lehre« und das Erlebnis beginnen schließlich erst mit der Praxis. Genießen Sie es!

Tor Arne Hetland
Norweger, Langläufer, Olympiasieger, Weltmeister und Trainer

Vorwort

Seit ich im Kleinkindalter von meinen Eltern das Erste Mal auf Ski gestellt wurde, hat mich die Faszination, die der Schnee und die Sportart Skilanglauf auf mich ausüben, nicht mehr losgelassen. Noch heute freue ich mich jeden Winter »wie ein kleines Kind« über die ersten Schneeflocken des Jahres.

Nach meinem Studium (Sport und Germanistik) arbeitete ich als Fitnesstrainerin, Sport- und Skilehrerin (Skilanglauf und Alpin) und bin heute im Schuldienst tätig. Ich habe eine Zusatzqualifikation zur Sporttherapeutin und auch eine zur Klimatherapeutin. Nebenbei betreibe ich eine Skilanglaufschule und biete Kurse in der Skating Technik, der klassischen Technik und Schneeschuhtouren für alle Alters- und Leistungsklassen an. Ich freue mich jedes Mal auf's Neue, meinen Schülern diese faszinierende Sportart näherbringen zu können.

Mit diesem Buch wende ich mich vor allem an Skilanglauf-Einsteiger und hoffe, diesen beim Erlernen dieser schönen Sportart mit meinen Erläuterungen zur Lauftechnik und mit nützlichen Tipps behilflich sein zu können. Ich habe Wert auf zahlreiche Vorübungen, die insbesondere die Gleichgewichtsfähigkeit schulen, gelegt, welche das Erlernen der Technik erheblich erleichtern. Auch das Thema »Sicherheitstraining« spielt für mich eine große Rolle, denn zum einen schult man mit dem Üben der Brems- und Kurventechniken sowie dem Spurwechsel die Gleichgewichtsfähigkeit und zum andern minimiert man die Verletzungsgefahr.

Aber nicht nur Einsteigern, sondern auch fortgeschrittenen und geübten Läufern soll dieses Buch eine Hilfestellung sein und sie dabei unterstützen ihre Lauftechnik und ihr Training zu verbessern. So habe ich mich bemüht, nicht nur die einzelnen Bewegungsabläufe der zum Teil sehr komplexen Techniken möglichst praxisnah, sondern auch die Präparation der Ski verständlich zu beschreiben und mit Bildern zu veranschaulichen. Das Buch ist mitunter stark an meine Skikurse angelehnt und beinhaltet somit meine persönlichen Praxiserfahrungen.

Neben der Erläuterung der Skilanglauftechniken sowie von Aufwärm-, Dehn- und zum Skilauf hinführenden Einstiegsübungen habe ich auch eine Auswahl meiner Meinung nach besonders wertvoller, das Skilanglauftraining unterstützender Sommersportarten und Kräftigungs- bzw. Koordinationsübungen in dieses Buch mit aufgenommen.

Ich danke allen, die mich bei diesem Projekt unterstützt haben. Mein ganz besonderer Dank gilt: Steffen Korell, Jürgen Böhm, Corinna Müller, Horst Miklis, Wolfgang Zebisch, Ruthard Schmiedel – Sport Walter Bischofsheim, Daniel Heun, Denise Herrmann und Alexander Heun für ihre tatkräftige Hilfe und Unterstützung!

Verena Niebling

Einführung

Skilanglauf – ein einzigartig gesunder Sport

Charakteristisch für jede Laufdisziplin ist die Vielzahl an Schritten. Beim Skilanglauf allerdings werden diese »Schritte« mit Ski auf präparierten Loipen durchgeführt, und zusätzlich wird Vortrieb durch den Einsatz von Skistöcken erzeugt. Dadurch entsteht eine wesentlich komplexere, einzigartige Laufbewegung, die sich vereinfacht aus drei Komponenten zusammensetzt:

- Beinabstoß
- Stockabstoß
- Gleitphase

Skilanglauf kombiniert wie kaum eine andere Sportart **Ausdauer und Kraft.** Vergleicht man etwa Größe und Gewicht von Spitzensportlern im Skilanglauf mit den Daten von Spitzensportlern im Mittel- und Langstreckenlauf in der Leichtathletik, kann man einen gravierenden Unterschied feststellen: Skiläufer sind im Vergleich schwerer, was daraus resultiert, dass Langläufer deutlich mehr Muskelmasse besitzen. Ein hohes Maß an Kraft ist neben einer guten Ausdauerleistungsfähigkeit also sehr wichtig, um auf Langlaufski zügig voranzukommen.

Neben dem Belastungstraining für das **Herz-Kreislauf-System** wird gleichzeitig eine große Zahl an **Muskeln** trainiert: Arm-, Schulter- und Rückenmuskulatur sorgen für einen kräftigen Stockschub, die Bauchmuskeln stabilisieren den Oberkörper, der Gesäßmuskel streckt das Bein nach hinten und richtet den Läufer nach dem Doppelstockschub wieder auf, und die Beinmuskeln bewirken einen kräftig-explosiven Abstoß nach vorne. Nicht umsonst erreichen Skiläufer mitunter die höchsten Werte bei der maximalen Sauerstoffaufnahme (VO2max) im Blut. Der arbeitende Muskel eines Ausdauersportlers benötigt viel sauerstoffreiches Blut und je mehr Muskeln gleichzeitig arbeiten, desto mehr Blut muss durch den Körper gepumpt werden, um den Sauerstoffbedarf zu decken. Werden diese Muskeln regelmäßig trainiert, findet der Prozess der »**Kapillarisierung**« statt, d.h., die Zahl kleiner Adern, der sogenannten Kapillaren, im Muskel nimmt zu. Dadurch kommt es zu einer **verbesserten Durchblutung** und automatisch zu einer **verbesserten Sauerstoffaufnahme**, welche nicht nur die Skelettmuskeln leistungsfähiger macht, sondern auch den **Herzmuskel**. Bei regelmäßigem Training ökonomisiert sich die Herz-Kreislauf-Arbeit – man kann mit einem niedrigeren Puls eine höhere Leistung erbringen, was sich sehr positiv auf die allgemeine **Gesundheit** auswirkt.

Bewegung hat einen direkten Einfluss auf unser **Wohlbefinden!** Weil ein gut funktionierender Bewegungsapparat entwicklungsgeschichtlich immer ein Vorteil war, wird der Körper nach physischer Anstrengung mit einer kleinen »Endorphindusche« belohnt. Körpereigene, opiumähnliche Substanzen bewirken ein Wohlgefühl und lindern Schmerzen. Gleichzeitig wird im Gehirn vermehrt Serotonin freigesetzt, welches **stimmungsaufhellend** wirkt. Es ist erwiesen, dass regelmäßiges Ausdauertraining resistenter gegen Stress macht und den **Stressabbau** fördert. Wurde der Mensch vor Urzeiten mit Stress

Einführung

konfrontiert, z.B. mit einem gefährlichen Raubtier, blieb ihm oftmals nichts anderes übrig, als zu kämpfen oder zu flüchten. Die Folge dieses Stresses war intensive körperliche Anstrengung, welche auch zu einer raschen Normalisierung der Stresshormonspiegel im Blut beigetragen hat. In der heutigen Zeit ist der Mensch derartig bedrohlichen Situationen nicht mehr ausgesetzt. Heute folgt Stress beispielsweise aus beruflicher Überforderung. Das »Stressprogramm« ist jedoch nach wie vor auf Kampf oder Flucht ausgerichtet – nur bleibt der Mensch heute, statt sich körperlich anzustrengen, auf dem Bürostuhl und damit auf den Auswirkungen der Stressreaktion sitzen. Bewegung ist an dieser Stelle wichtig, um den durcheinander geratenen **Hormonhaushalt** wieder zu normalisieren.

Beim Langlauf sind ca. 90 Prozent der Muskeln im Körper aktiv, deshalb werden auch besonders viele Kalorien verbrannt. Skilanglauf ist als Kraftausdauersport also ideal, um die **Fettverbrennung** anzukurbeln und den Cholesterinspiegel nach unten zu regulieren. Das Risiko, an sog. Zivilisationskrankheiten wie Diabetes mellitus, Arteriosklerose und Adipositas zu erkranken, ist deutlich geringer, wenn man regelmäßig Skilanglauf und im Sommer z.B. Nordic Walking betreibt.

Auch Rückenbeschwerden können durch Skilanglauf gemindert werden. Zu langes Sitzen und zu wenig Bewegung wirken sich äußerst negativ auf unsere Rückenmuskulatur und Wirbelsäule aus. Beim Langlaufen wird die **Wirbelsäule** immer wieder sanft gestreckt und leicht gebeugt. Von diesen leichten Druck- und Zugbewegungen »leben« die Bandscheiben – sie werden nicht gestaucht oder gequetscht.

Skilanglauf schult die **Koordination** unserer Muskeln. Linker und rechter Arm, sowie das linke und rechte Bein sollen unabhängig voneinander fließend in Bewegung bleiben. Dabei immer wieder auftretende Kreuzkoordinationen trainieren beide Gehirnhälften und

Langlauf durch die verschneite Winterlandschaft

sorgen für ein verbessertes Körpergefühl. Zudem ist Skilanglauf ein besonders gelenkschonender Sport. Es gibt keine Aufprallphasen oder Stauchungen für die Gelenke, wie es beispielsweise beim Joggen auf hartem Boden der Fall ist, und es werden Bandscheiben und Menisken wesentlich weniger belastet als bei anderen Laufsportarten. Die Verletzungsgefahr ist sehr gering, und wenn es mal zum Sturz kommt, lassen sich die Folgen meist von Jacke und Hose abklopfen.

Skilanglauf ist ein Sport **für jedes Alter** und jeden Trainingszustand, sowohl Sport-Einsteiger als auch Fitnessfreaks kommen auf ihre Kosten! Selbst der Ungeübte kann nach wenigen Stunden Langlauf erste positive Effekte spüren.

Um die volle Wirkung dieser Prozesse auszuschöpfen, muss man die sportliche Betätigung regelmäßig wiederholen. Wichtig dabei ist, dass die Belastung immer an den individuellen Trainingszustand angepasst wird, um zu verhindern, dass die positiven Auswirkungen nicht durch Überbeanspruchung oder Frustration wieder zunichte gemacht werden. Wer dazu noch Spaß und Freude am Sport und an der Natur hat, wird den Wohlfühleffekt zusätzlich steigern!

Skating auf der Winklmoosalm

Faszination »Gleiten auf Schnee«

Nicht nur für die körperliche Fitness ist Skilanglauf förderlich. Auch für den Geist hält diese Sportart erfrischende, beruhigende und entspannende Momente bereit. Allein in einer zauberhaft verschneiten Winterlandschaft auf frisch gewalzter Loipe zu laufen, fernab der hektischen Zivilisation und deren Lärm, kann höchst befreiend und genussvoll sein. Das Gleiten auf Schnee enthält zahlreiche Erlebnisse und Bewegungserfahrungen, die fern von jeglicher Alltagsbewegung sind. Uns Menschen ist die Fortbewegungsart Gehen und Laufen gegeben, Gleiten ist den meisten Menschen fremd. Wer jedoch die dynamischfließende Bewegung des Gleitens auf Ski je erlebt hat, dem erscheint das Gehen dagegen geradezu holprig, stockend und viel zu langsam. Fehlender Krafteinsatz beim Gehen führt sofort zum Stillstand. In der Gleitphase auf dem Ski steckt ein Moment der Mühelosigkeit und Schwerelosigkeit, ein Moment, der keiner weiteren Antriebskraft bedarf.

Einführung

Start zum Wasa-Lauf 1967

Die Gleitphase geht nahezu fließend in die Abstoßphase über, auf welche wieder ein lautloses Dahingleiten folgt. Auf Langlaufski lassen sich Schritt für Schritt große Distanzen bewältigen. Bei dieser rhythmisch-zyklischen Fortbewegung kann man die Seele baumeln lassen und abschalten, gleichzeitig kann man aber auch den eigenen Körper intensiv spüren.

Gleiten kann sich aufgrund wechselnder Schneebedingungen immer wieder anders anfühlen. Schnee ist nicht gleich Schnee: Er kann trocken, feucht, nass, grob- oder feinkörnig, frisch, alt, locker, fest, harschig oder eisig sein. Jede dieser Erscheinungsformen beeinflusst das Gleitverhalten des Skis und fordert immer wieder aufs Neue die Anpassungsfähigkeit und Koordination des Skiläufers.

Das Gleiten auf Ski stellt eine andere als die naturgegebene Bewegungsfähigkeit des Menschen dar. Die Glätte von Schnee und Eis, die uns zuweilen bedrohlich erscheint, wird dabei geradezu ausgenutzt, um genussvoll zu gleiten und Geschwindigkeit aufzunehmen. Zu Beginn mag jedes Rutschen angsteinflößend sein; festen Halt aufzugeben kostet Überwindung, das Gleichgewicht wird aufs Spiel gesetzt. Doch wer sich auf dieses Wagnis einlässt, wird mit einzigartigen Körper- und Bewegungserfahrungen belohnt: Ein müheloses, gleichmäßiges Dahinfließen in den Bewegungen vermittelt das Gefühl der Leichtigkeit. Das Aufrechterhalten dieses dynamischen Gleichgewichts, das Geschwindigkeits- und Naturerlebnis sind Reize, die den Skilanglauf ausmachen – Emotionen und Körpererlebnisse verschmelzen im Gleiten auf Schnee zu einer Einheit.

Warum Outdoorsport gerade im Winter so wertvoll ist

Wer Skilanglauf betreibt, tut dies zumeist in Mittelgebirgslagen oder im Hochgebirge. Die wichtigsten biopositiven Wetter- und Klimaelemente in diesen Breiten sind Kühle und Wind. Auch Luftreinheit und Allergenfreiheit (Hochgebirge) gehören dazu, sie wirken gesundheitsfördernd und beugen Krankheiten vor. Man kann sich bei diesen klimatischen Gegebenheiten gut kurieren und seinen Körper bestens trainieren.

Abhärtung

Bewegung in frischer, kühler Luft führt zu einem Abhärtungseffekt, regelmäßige Kältereize auf den Körper haben eine gesundheitsfördernde Wirkung. Die Reaktion auf Kälte bewirkt eine Vasokonstriktion: Kleine Arterien, Kapillare und oberflächliche Venen in der Haut verengen sich. Die Durchblutung der Haut wird gedrosselt und die der Muskulatur nimmt zu. Dadurch und durch wärmeerzeugende Muskelarbeit (Kältezittern) versucht der Körper seine Solltemperatur von 37 Grad aufrecht zu erhalten. Diese Reaktion durchzieht bei plötzlicher Kälte den ganzen Körper. Auch wenn man beispielsweise nur im Gesicht friert, wird die Hautdurchblutung ebenfalls in weit entfernten Körperteilen, z.B. in den Händen und Beinen, gedrosselt. Sich in kühler Umgebung zu bewegen, trainiert die Gefäße und – da immer auch der ganze Körper involviert ist – auch das Herz-Kreislauf-System. Der Stoffwechsel wird angeregt und die Herzfrequenz sinkt. Kälteempfindlichkeit und Infektanfälligkeit verringern sich, weil das Immunsystem über wiederholte Kältereize auf die Haut gestärkt wird.

Leistungssteigerung

Körperliche Arbeit in kalter Umgebung wirkt sich äußerst positiv auf die Ausdauerleistungsfähigkeit aus. Denn es werden vermehrt rote Muskelfasern aktiviert, womit eine Übersäuerung der Muskeln hinausgezögert wird. Wer unter kalten Bedingungen trainiert, hat deutlich niedrigere Milchsäurewerte (Laktat) im Blut aufzuweisen als ein vergleichbar Trainierender bei warmen Temperaturen. Der Muskulatur steht durch die Kühlung der Haut mehr Blutvolumen zur Verfügung, wodurch der Prozess der Kapillarisierung zusätzlich beschleunigt wird. Zudem kurbelt die Kühlung der Haut nachweislich den Fettstoffwechsel an. Neben dem Effekt der Abnahme der Herzfrequenz kommt es parallel zu einer gesteigerten Sauerstoffaufnahme. Diese Effekte lassen sich schon nach einer Trainingseinheit messen[1], der Laktatwert ist etwa 0,3–0,4 mmol/l niedriger als bei einer

---

[1] Testergebnisse aus den Arbeiten von Prof. Dr. Schuh (siehe Quellenverzeichnis)

Die Schweizer Nationalmannschaft der 60er-Jahre beim Training

Einführung

Person, die unter wärmeren Bedingungen das gleiche Training absolviert hat. Wird das Ausdauertraining über vier Wochen durchgeführt (drei- bis viermal Training pro Woche), können Personen, die unter kühlen Bedingungen trainieren, ihren Laktatspiegel um bis zu 1 mmol/l senken; Personen, die temperaturunabhängig trainieren, erreichen eine Reduzierung um etwa 0,5 mmol/l. Wer die gleiche körperliche Arbeit mit einem 0,5 mmol/l niedrigeren Laktatspiegel verrichtet, kann diese Arbeit natürlich länger durchhalten oder bei gleichen Werten intensivere Arbeit leisten; man ist somit deutlich belastbarer. So lässt sich sagen, dass man seine Trainingseffekte unter Kältereizen nahezu verdoppeln kann. Ein weiterer Vorteil ist, dass schon bei geringen Trainingsintensitäten die genannten Erfolge erzielt werden, sodass sie für jedermann realisierbar sind.

Diese Erhöhungen des Trainingseffektes lassen sich beim Skilanglaufen folgendermaßen erzielen: Ziehen Sie sich bei der sportlichen Betätigung so an, dass Sie sich insgesamt »leicht kühl« fühlen. Achten Sie aber darauf, dass Sie nicht stark frieren! Im Winter gestaltet sich das recht einfach, weil man dauerhaft von kühler bzw. kalter Luft umgeben ist. Es reicht schon aus, wenn sich ein Körperteil (z.B. Gesicht) kühl anfühlt. Falls es im Winter, besonders in der Sonne, beim Laufen warm wird, kann man die Ärmel etwas hochkrempeln, die Handschuhe ausziehen oder die Jacke etwas öffnen, damit mehr Luft an die Haut kommt und es sich dadurch kühler anfühlt. Ziehen Sie mehrere dünne, atmungsaktive Schichten an, so dass es bei intensiverem Laufen nicht zum Wärmestau unter der Jacke kommt. Auf diese Weise können Sie sich besser an ihr persönliches Temperaturempfinden anpassen. Wenn es warm wird, können Sie eine Schicht ausziehen.

> **Ausdauertraining + Kältereiz**
> **=**
> **erhöhte Trainingswirksamkeit**

Pavel Koltschin, russischer Langläufer, holte sich die Kondition für den Winter auf »Skiern« eigener Art.

Ein über 5000 Jahre altes Fortbewegungsmittel – Geschichten über Steinzeitjäger, Holzpferdtürken und Birkebeiner

Ski als Fortbewegungsmittel im Winter ist im wahrsten Sinne des Wortes schon steinalt. Bereits in der Steinzeit benutzten Menschen im Norden Europas und Asiens Ski zur Jagd, als Fortbewegungsmittel im Alltag und für Reisen. Dies belegen Felszeichnungen – wie das über 5000 Jahre alte, auf einer norwegischen Insel gefundene »Skihaserl« und Moorfunde belegen. Einer der ältesten noch erhaltenen Ski wurde in einem Moor bei Hoting in Schweden gefunden; sein Alter wird auf rund 4500 Jahre geschätzt. Er ist ca. 110 Zentimeter lang, zehn Zentimeter breit und einen Zentimeter dick.

Die ältesten schriftlichen Zeugnisse überlieferten die Chinesen. So erzählt T'ang-schu in der Dynastie-Geschichte aus den Jahren 618–907: »Im Osten erreicht man die Holzpferdtürken. Sie pflegen auf Mu-ma (Holzpferden), das sind Schlitten, die sie an die Füße binden, über das Eis zu laufen. Dabei nehmen sie krumme Äste als Achselstützen und stoßen sich rasch vorwärts...«.[1] Dass es sich dabei nicht um Eislauf, sondern um die Fortbewegung auf Ski handelt, belegt ein weiterer Text von Huan-ju ki aus den Jahren 976–984: »Ist tiefer Schnee gefallen, so jagt man auf Holzpferden, mit denen der Jäger sogar Berghalden hinan- und hinabläuft, als würde er fliegen... Mu-ma gleicht einem Schlitten, aber der Kopf ist aufgebogen. Die Unterseite überzieht man mit Pferdefellen so, dass die Spitzen der Haare rückwärts laufen. Wenn der Jäger auf der Ebene über den Schnee schreitet, so stößt er einen Stab in die Erde und läuft wie ein Schiff... Auch holt er den fliehenden Hirsch ein...«.[2] Die Ski wurden hier schlicht mit Pferden verglichen, da es für diese neuartigen, außergewöhnlichen Fortbewegungsmittel noch keinen bekannten

---
[1] Polednik: Weltwunder Skisport S. 14.
[2] Ebd.

5000 Jahre altes »Skihaserl«

Einführung

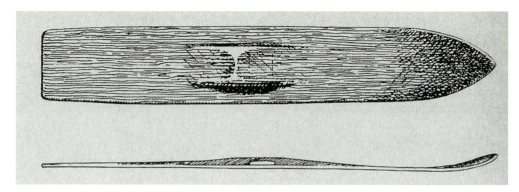

Der älteste, noch erhaltene Ski

Sprachbegriff gab. Schon damals faszinierte die Bewegung (»...*als würde er fliegen...*«) und die Geschwindigkeit, die man erzielen kann (»...*holt er den fliehenden Hirsch ein...*«).

Mündlich überliefert, ab etwa dem achten Jahrhundert auch schriftlich festgehalten, bezeugen die Lieder der Edda und der Skalden sowie isländische Sagas den Skilauf. Davon zeugen weiter auch Skigott Ull und Skigöttin Skadi, Hauptgötter der ersten Generation Skandinaviens. Auch Nor, der als Begründer Norwegens gilt, durchstreifte das Land auf Ski. Besonders im Norden zählte Skilaufen

Die zwei »Birkebeiner« mit dem Königskind

zu einer unverzichtbaren Fertigkeit, was zahlreiche Quellen bestätigen. Aus der Zeit des Mittelalters stammen viele norwegische Königsgeschichten, in denen Abenteuer auf Ski beschrieben sind. Eine bis heute lebendige Geschichte manifestiert sich im »Birkebeinerlauf«, der an die Rettung des zweijährigen norwegischen Königssohns Haakon im Jahr 1206 erinnert. Die beiden königstreuen »Birkebeiner« Skevla und Skrukka brachten das Königskind während eines schweren Schneesturms auf Ski in Sicherheit. Der Name stammt daher, dass die beiden statt Lederschuhen nur solche aus Birkenrinde trugen. Seit 1932 wird dieser über 54 Kilometer lange Lauf als Volkslauf jährlich ausgetragen (2012 ca. 16.000 Teilnehmer).

Der »Wasalauf«, ein schwedischer Volkslauf über 90 Kilometer, hat seine Ursprünge ebenfalls in der Historie. Nach dem schrecklichen Blutbad von Stockholm 1520 flüchtete der spätere König Gustaf Erikkson Wasa über das verschneite Gebirge nach Westen. Die Menschen gaben ihm die Schuld an diesem Blutbad und wiesen ihn zunächst als »Reichsverweser« ab. Doch die Haltung gegenüber Wasa änderte sich. Am Neujahrstag 1523 machten sich zwei Skiläufer auf den Weg, um Wasa zurückzuholen. Bei dem fast 90 Kilometer langen Lauf von Mora nach Sälen, den sie schnellstmöglich bewältigt hatten, wurde ihnen so warm, dass sie alle Kleidungsstücke bis auf Hemd und Hose auf der Strecke zurückließen; dieser Volkslauf wird seit 1922 alljährlich durchgeführt, mit derzeit ebenfalls etwa 16.000 Teilnehmern.

Zeugnisse aus dem Mittelalter belegen, dass Ski auch bei militärischen Unternehmungen und kriegerischen Auseinandersetzungen genutzt wurden. Bis heute werden in verschiedenen Ländern Skitruppen (z.B. in Indien und Pakistan) eingesetzt; auch die heute sehr beliebte Sportart Biathlon hat ihren Ursprung beim Militär.

Die Geschichte von »Snow Shoe Thomson« bezeugt, dass Ski auch genutzt wurden, um

Norwegische Skisoldaten gegen Ende des 18. Jahrhunderts

Einführung

die Post im Winter zu überbringen. Der Norweger Thorsteinson, der sich in Amerika in Thomson umbenannte, wanderte in der Zeit des Goldrausches nach Amerika aus. Mit dem Goldsuchen vermochte er nicht reich zu werden, aber im Januar 1854 bot sich ihm eine andere Chance, Geld zu verdienen. Wie jeden Winter war der Weg über die hohen Pässe der Sierra Nevada, der einzigen Verbindung nach Kalifornien, aufgrund starker Schneefälle unpassierbar. Die Post wurde in dieser Zeit über die Pazifikküste transportiert, was einen etwa dreimonatigen Zeitverlust bedeutete. Thomson kam auf die »verrückte Idee«, die Postsäcke über den 140 Kilometer langen Weg durch die verschneite Sierra Nevada zu tragen. Dies tat er mit eigens gefertigten, drei Meter langen Ski, die er aus seiner Kindheit in Norwegen kannte. Möglicherweise war dies das erste Mal, dass Ski in Amerika zum Einsatz kamen. Mit dem 50 Kilo schweren Postsack durchquerte er das nie zuvor im Winter begangene, unwegsame Gelände in drei Tagen. Für den Heimweg benötigte er nur zwei Tage. Bei seiner Rückkehr wurde »Snow Shoe Thomson«, wie ihn seitdem jeder nannte, jubelnd begrüßt. Von da an übernahm er fast 20 Jahre lang die Postzustellung in den Wintermonaten gegen eine Bezahlung von nur 700 Dollar jährlich. Thomson war auch an den ersten Skilauf- und Skisprungwettbewerben in Nordamerika beteiligt, die in den 60er-Jahren des 19. Jahrhunderts stattfanden.

Mit diesem Stempel wurde die von »Snow Shoe Thomson« beförderte Post versehen:

In diesem Bild erfolgt der Stockeinsatz zunächst noch als »Einstocktechnik« beim Bewältigen von Abfahrten: Skikurs im Jahr 1905, auch Frauen nahmen daran teil.

Ein über 5000 Jahre altes Fortbewegungsmittel ...

Skilangläufer in der Rhön (Bild aus den Jahren 1954/55)

Einführung

Die Einstocktechnik wurde in der ersten Hälfte des 20. Jahrhunderts nach und nach von der Doppelstocktechnik abgelöst. Das »moderne Skipaar« aus dem Jahr 1923 (mit zwei Stöcken).

Um 1800 war der Skilauf in Norwegen bereits zu einer ausgeprägten Ski- und Freizeitkultur geworden. Viele Bauern und Bergwerksarbeiter nutzten zu dieser Zeit Ski, etwa auf dem Weg zur Arbeit oder sie übten aus purer Freude am Skilaufen. In dieser Kultur liegen die Grundlagen der Disziplinen Nordisch und Alpin; Norwegen kann durchaus als das »Mutterland« des Skisports bezeichnet werden.

Ab Mitte des 19. Jahrhunderts wurden in Norwegen erste Wettkämpfe in den Disziplinen Langlauf, Skisprung, Nordische Kombination und Abfahrt ausgetragen, gegen Ende jenes Jahrhunderts dann auch in Mitteleuropa. 1813 wurde in Oslo der erste norwegische Skiverein gegründet, der erste mitteleuropäische Skiklub 1890/01 in München. Bis zur Jahrhundertwende folgten noch zahlreiche Vereine in Mitteleuropa (z.B. Todtnau 1891, Glarus in der Schweiz 1893 und im gleichen Jahr auch in

Rhöner Skilangläufer in den 50er Jahren

Wien); um 1900 wurde dann auch öffentlich Skiunterricht erteilt.

Ab dem 19. Jahrhundert entwickelte sich der Skilanglauf zu einer vielfältigen Freizeit- und Sportkultur, die Skiorte wuchsen und gewannen immer mehr Anhänger. Zuspruch und Begeisterung steigen bis heute, was beispielsweise die Teilnehmerzahlen des Wasalaufes verdeutlichen: 1922 starteten 119 Teilnehmer, 1959 wurde die 1000-Teilnehmer-Marke überschritten, in den 70er-Jahren waren es schon deutlich über 10.000, seit Ende der 1990er-Jahre bewegen sich die Teilnehmerzahlen zwischen 13.000 und 16.500.

Die ersten olympischen Spiele wurden 1896 in Athen ausgetragen, jedoch hatte man damals noch nicht an Winterspiele gedacht. 1924 wurden im französischen Chamonix erstmals olympische Winterspiele veranstaltet; seit 1952 dürfen auch Frauen bei den olympischen Wettkämpfen starten. Der bisher erfolgreichste Athlet bei olympischen Winterspielen ist der norwegische Skilangläufer Björn Dählie mit acht Gold- und vier Silbermedaillen.

Ob Springen, Abfahren oder Langlaufen – die einzelnen Disziplinen gewannen immer mehr Kontur. Das Material wurde und wird stets weiter entwickelt. Auch an dem Reglement wird kontinuierlich gefeilt, und es werden neue Teildisziplinen in das »Sportprogramm« aufgenommen, z.B. eine der neusten Ergänzung im Skilanglauf, der »Skiathlon«, bei dem die Athleten in Klassischer Lauftechnik starten und nach der Hälfte des Rennens auf Skatingtechnik wechseln.

Der Wintersport stagniert nicht, er passt sich den Entwicklungen und Trends an, um für die Zuschauer attraktiv zu bleiben. Massenstarts, Verfolgungsrennen, Teamsprints, die Tour de Ski und Citysprints sorgen aktuell für Interesse und Begeisterung am Nordischen Skisport.

Weltcuprennen – Citysprint in Düsseldorf am Rhein

Materialkunde

Der Aufbau eines Langlaufskis

Einst von Hand aus einfachen Holzlatten hergestellt, ist der Langlaufski heute zu einem hochtechnischen, maschinell gefertigten Sportgerät geworden. Je nach Hersteller und Skimodell unterscheiden sich die Ski geringfügig in Konstruktion und Bauweise. Im Groben besteht ein moderner Langlaufski aus drei Teilen: Kern, Obergurt und Belag.
Der **Kern** kann aus verschiedenen Materialien bestehen – je nach Skimodell finden spezielle Carbon-, Fiberglas- und Holzkomponenten ihre Verwendung. Es gibt auch preisgünstige Modelle, die ausgeschäumt sind. Neben den Feststoffen weist der Kern, abgesehen von ausgeschäumten Skiern, eine Hohlraumstruktur auf. Diese ist entweder wabenförmig (hochwertige Modelle) oder mit Luftkanälen durchzogen. Bei dem wabenförmigen Aufbau besteht der Kern bis zu 80 Prozent aus Luft, wodurch der Ski besonders leicht und dennoch sehr verwindungssteif und stabil ist. Bei den hochwertigen Wettkampf-Modellen ist das Gewicht noch niedriger, denn es kommen vor allem Carbonkomponenten zum Einsatz. Die Ummantelung des Skis stellt den **Obergurt** dar, der den Kern umschließt. Er ist aus glattem Kunststoff gefertigt und verhindert, dass sich der Ski an nassem Schnee »festsaugt«; auch die seitliche Reibung an der Spur wird hierdurch verringert.
Der **Belag** besteht überwiegend aus Kunststoff, dem sogenannten Polyethylen (PE). Zusatzstoffe wie Graphit werden in unterschiedlich prozentualen Anteilen beigemischt, womit entweder bei kalten oder wärmeren Temperaturen bessere Gleiteigenschaften erzielt werden; bei den Wettkampf-Modellen kann zwischen »Plus«- und »Cold«-Belägen (Fischer) gewählt werden. In den Belag wird zudem eine Struktur eingeschliffen, die verhindert, dass sich der Ski bei feuchtem Schnee »festsaugt«, was zu einer Verschlechterung der Gleiteigenschaften führen würde.

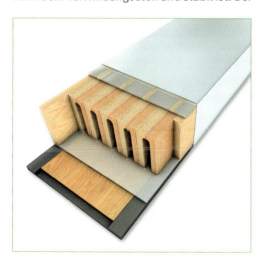

Ein mit Luftkanälen durchzogener Ski

Wabenförmiger Aufbau

Materialkunde

Langlaufski besitzen eine Bogenspannung. Legt man den Ski auf den Boden, berührt er diesen im Bereich der Bindung nicht, wodurch in Gleitphasen die Reibung reduziert ist. Diese Spannung bewirkt bestes Gleit- und Abstoßverhalten. Nur bei voller Belastung des Klassik-Ski (Abdruck) wird die Abdruckzone (Schuppen- oder Wachszone) in den Schnee gedrückt und zur Erzeugung des Vortriebs genutzt. Auch der Skatingski liegt erst bei voller Belastung in seiner gesamten Länge auf dem Schnee auf, wodurch ein leicht federnder Effekt im Anschluss an den Abdruck entsteht.

Zur Ausrüstung

Die Ausrüstung ist neben der körperlichen Fitness und dem technischen Können ein wichtiger Faktor, der über Erfolg oder Misserfolg und über Spaß oder Enttäuschung in der Lernphase und beim täglichen Training sowie im Wettkampf entscheidet. Um maximales Fahrvergnügen zu erhalten, ist es deshalb notwendig, das Material individuell abzustimmen. Ob Anfänger, Fortgeschrittener oder Profi – für jeden gibt es passende Ski von unterschiedlichen Herstellern. Die Ausrüstung wird auf Körpergewicht, Körpergröße, Können, Einsatzgebiet und letztendlich auch auf das, was man bezahlen möchte, abgestimmt.

Vor dem Kauf von Ski steht die Überlegung, in welcher Form man Skilanglauf betreiben möchte, denn am Markt werden mittlerweile sehr viele unterschiedliche Skimodelle angeboten. Man entscheidet zunächst, ob man in der klassischen oder in der Skatingtechnik laufen möchte. Die beiden Techniken unterscheiden sich nicht nur im Laufstil – man benötigt auch unterschiedliches Material: Ski, Stocklänge, Bindung und auch der Schuh sind verschieden.

Ski für die klassische Lauftechnik

Man kann Klassikski in zwei Gruppen teilen: **Nowax-** und Wachsski. Die Steigzone der Nowax-Modelle hat entweder Schuppen oder sie ist angeraut. Auf die Steigzone eines Wachsskis wird Steigwachs aufgetragen, welches auf Temperatur und Schneebedingungen abgestimmt ist. Ist das Wetter unbeständig, kann es sein, dass man vor jedem Laufen neues Wachs auftragen muss (siehe Kapitel »Skipräparation und Pflege«); Wachsski eignen sich nur für erfahrene Läufer.
Die meisten Nowax-Ski können unabhängig vom Wetter bei fast allen Schneebedingungen gelaufen werden. Ein Nowax-Ski ist pflegeleicht, im Handling einfach und man benötigt keine Steigwachse, somit sind diese Modelle für Einsteiger die erste Wahl. Aber auch für

Der Belag eines Klassikskis ist, wie bei diesem Zero-Ski gut zusehen, in drei Zonen aufgeteilt:
Gleitfläche   Steigzone   Gleitfläche

Ski für die klassische Lauftechnik

Nordic Cruising Ski

Fortgeschrittene gibt es attraktive Modelle. Entscheidet man sich für die klassische Technik, stehen folgende Produkte zur Wahl:

Nowax-Ski:
- **Nordic Cruising Ski**
  Aufbau: breit, kurz
  Belag: langsam, robust
  Steigzone: Schuppen
  Charakter: erleichtert Umsteigen und Kurvenfahren, Skilängen sind überschaubar nach Körpergewicht sortiert, man kann auch durch leichten Tiefschnee laufen
  Eignung: Anfänger, Skiwanderer

Nordic Cruising Größentabelle:

>95 kg	XL
80-95 kg	L
60-84 kg	M
<64 kg	S

- **Sport Crown oder Race Crown Ski**
  Aufbau: lang, schmal
  Belag: mittel bis schnell
  Steigzone: Schuppen
  Charakter: Allrounder mit guten Laufeigenschaften, auch für sportliche Läufer, die sich das Wachsen sparen möchten; kommt, wie alle Schuppenski, bei eisigen Bedingungen an seine Grenzen
  Eignung: Anfänger bis weit Fortgeschrittene

- **Zero Ski**
  Aufbau: lang, schmal
  Belag: schnell bis sehr schnell
  Steigzone: Kunststoffhärchen (Aufraubelag)
  Charakter: speziell für o-Grad-Bedingungen/Neuschnee, eignet sich nur als Zweitski, da er nicht immer einsetzbar ist, gute bis sehr gute Lauftechnik Voraussetzung
  Eignung: Fortgeschrittene, Profis

- **»Fellski«**
  Aufbau: lang, schmal
  Belag: schnell

Zero Ski

Sport Crown

Race Crown Ski

Materialkunde

Atomic »Skintec«

Gripmodule

»Skintec« in der Loipe

Steigzone: zwei Gripmodule (Kunstfell)
Charakter: neu auf dem Markt ➔ »Skintec« von Atomic, die beiden Module bieten Halt auf allen Schneebedingungen, sie sind mit einem Handgriff austauschbar, im Gegensatz zu Schuppenski keine Laufgeräusche, sehr kurze Steigzone
Eignung: sportliche Einsteiger bis weit Fortgeschrittene

- **Offtrack Cruising Ski**
  Aufbau: sehr breit, kurz, teilweise mit Stahlkante
  Belag: eher langsam
  Steigzone: Schuppen
  Charakter: für Tiefschnee geeignet, spezielle Konstruktion bewirkt »Aufschwimmeffekt« im Bereich der Schaufel, Ski lässt sich auch in tiefem Schnee drehen

Eignung: Anfänger, Skiwanderer und Läufer, die abseits der Loipe langlaufen möchten

Größentabelle:

>85 kg	189 cm
65-89 kg	179 cm
<69 kg	169 cm

Zwei Offtrack-Cruising-Modelle

Der Papiertest

Wachsski

Wachsski:

Wer Wettkampfambitionen hat, sollte überlegen, einen Wachsski zu kaufen und sich mit dem Thema »Steigwachs« auseinandersetzen; diese Ski sind besonders in Abfahrten sowie Flachstücken schneller und können auch auf eisige Bedingungen »eingestellt« werden.

Aufbau: lang, schmal
Belag: schnell bis sehr schnell
Steigzone: zunächst keine sichtbare Steigzone, Steigwachs wird direkt vor dem Training/Wettkampf – auf Schnee und Temperatur abgestimmt – aufgetragen, gute Lauftechnik ist Voraussetzung
Eignung: erfahrene Läufer, Fortgeschrittene und Profis

Die Steigzone wird individuell auf das Gewicht abgestimmt (siehe folgendes Kapitel »Papiertest«); ob man sich für ein Sport-Modell oder einen Race-Ski entscheidet, ist letztendlich eine Kostenfrage.

Zur Skilänge

Abgesehen von den Nordic- und Offtrack-Cruising-Ski, die ihre eigenen Größentabellen haben, kann man sich grundlegend an folgender Längenempfehlung orientieren:

> **KURZ UND KNAPP**
>
> Ein Wachsski gehört in erfahrene Hände, denn wenn man sich verwachst, findet man entweder keinen Abdruck mehr, der Ski rutscht nach hinten durch (»spitzer« Ski) oder der Schnee klebt am Wachs und es ist kein Gleiten mehr möglich (»stumpfer« Ski).

- Körpergröße + 18–20 Zentimeter

Je nach Körpergewicht bieten einige Skihersteller für Sport- und Race-Ski unterschiedlich starke Spannungen an: »soft«, »medium« und »hard« bzw. »stiff«. Orientieren Sie sich neben der Größe auch am Körpergewicht, gleichen Sie die Herstellerangaben ab und passen Sie gegebenenfalls die Skilänge folgendermaßen an:

- ermittelte Skilänge + 5 Zentimeter bei schweren Läufern
- ermittelte Skilänge – 5 Zentimeter bei leichten Läufern

Der Papiertest

Mittels des Papiertests kann die Länge der Steigzone eines Wachsskis individuell ermittelt werden. Beide Ski werden in »Loipenspurbreite« auf eine glatte Fläche gelegt. Man steigt mit den Langlaufschuhen in beide Bindungen und belastet die Ski gleichmäßig. Eine zweite Person fährt mit einem Blatt Papier unter der Bindung entlang in Richtung Ferse und markiert an der Seitenwange des Skis mit einem Filzstift den Punkt, an dem sich das Papier nicht weiter schieben lässt. Anschließend schiebt die Person das Blatt in Richtung Skispitze und markiert ebenfalls den Punkt, an dem das Blatt festklemmt. Zwischen der vorderen und hinteren Markierung befindet sich die Steigzone, welche eine Länge von ca. 50–55 Zentimetern haben sollte. Belastet man nur einen Ski mit dem ganzen Körpergewicht, sollte das Papier unter der Bindung nicht mehr verschiebbar sein. Dies imitiert die

Materialkunde

Papiertest

Gut ausgestattete Sport- bzw. Skifachgeschäfte verfügen über spezielle Messplatten, mittels derer die individuelle Steigzone exakt ermittelt werden kann. Hier eine Messplatte von Salomon, die anhand eines Lichtstrahls die Länge der Steigzone bestimmt.

Der dünne Lichtstrahl an der Zahlenskala (in cm) zeigt die Länge der Steigzone an, während man auf beiden Ski steht und diese gleichmäßig belastet.

Abdruckphase, in der die Steigzone fest in den Schnee gedrückt wird, um Vortrieb zu erzielen.

Ski für die Skatingtechnik

Die Lauffläche des Skatingskis ist nicht unterteilt, sie stellt durchgängig eine Gleitfläche dar. Solch starke Unterscheidungen, wie es bei den Ski für klassische Lauftechnik der Fall ist, gibt es hier nicht. Die günstigeren Einsteigermodelle sind etwas schwerer, da die Bauweise vereinfacht ist und weniger hochwertige Materialien verwendet werden. Die Sport- und Race-Modelle zeichnen sich durch schnellere Beläge aus und sind teurer. Ausgeklügelte Konstruktionen und hochwertige Materialien – etwa Carbon – reduzieren das Gewicht bei besten Laufeigenschaften bis auf ein Minimum. Zwischen Rennski und Einsteigermodellen gibt es noch zahlreiche Mittelklassemodelle, die einen guten Kompromiss zwischen Gewicht, Material, Laufeigenschaften und Kosten darstellen; diese Ski eignen

> **KURZ UND KNAPP**
>
> Unabhängig von den Schneebedingungen können Skatingski immer gelaufen werden, sie müssen nicht mit Steigwachsen präpariert werden.

Bindungssysteme

Skatingski – Mittelklassemodell

Skatingski – hochwertiges Modell

> **EXPERTENTIPP**
>
> Wenn Sie Skating sportlich betreiben möchten, umgehen Sie die Einsteigermodelle; es empfiehlt sich, mindestens zu einem Mittelklassemodell zu greifen.

sich für jeden Läufer – egal, ob Einsteiger oder Fortgeschrittener.

Zur Skilänge

Der Skatingski wird etwas kürzer gewählt als der Klassikski; als Anhaltspunkt gilt:
- Körpergröße + 8–10 Zentimeter

Auch hier werden die sportlichen Modelle entsprechend ihrer Spannung unterteilt in »soft«, »medium« und »hard« bzw. »stiff«. Orientieren Sie sich neben der Größe auch am Körpergewicht, gleichen Sie die Herstellerangaben ab und passen Sie gegebenenfalls die Skilänge folgendermaßen an:
- ermittelte Skilänge + 5 Zentimeter bei schweren Läufern
- ermittelte Skilänge – 5 Zentimeter bei leichten Läufern

Bindungssysteme

Auf dem Mark gibt es derzeit zwei Bindungssysteme – *SNS* und *NNN* – die auf dem gleichen Grundprinzip basieren, aber nicht kompatibel sind, d.h. ein Schuh mit SNS-Profil passt nicht auf eine NNN-Bindung und umgekehrt. In den wichtigsten Kriterien Skikontrolle, Kraftübertragung und Stabilität unterscheiden sich beide Systeme jedoch kaum, so dass man sich zuerst einen gut passenden Schuh aussucht und anschließend erst die Entscheidung zur jeweils passenden Bindung trifft.

Die NNN-Bindung kann auf eine NIS-Platte montiert werden, die die Möglichkeit bietet, die Bindung individuell auf dem Ski zu platzieren. Fortgeschrittene Läufer können also die Bindung ein bis zwei Zentimeter nach vorne oder hinten verschieben und so den Ski dem individuellen Laufstil anpassen.

SLF-Bindung, MIS-Platte, unmontierte NNN-Bindung

Materialkunde

Langlaufstock

Langlaufstöcke

Ein Langlaufstock besteht aus drei Teilen: Rohr, Teller mit Spitze und Griff mit Handschlaufe.

Die Stöcke können aus verschiedenen Materialien bestehen: Aluminium, Fiberglas oder Carbon. Beim Kauf sollte man auf ein möglichst geringes Gewicht achten. Dabei gilt: Je höher der Carbonanteil, desto leichter und stabiler, aber auch teurer ist der Stock. Aluminium-Stöcke sind schwerer, elastischer, aber trotzdem ausreichend stabil und am kostengünstigsten. Die meisten Stöcke bestehen aus Fiberglas-Carbon-Verbindungen und stellen einen guten Kompromiss zwischen Aluminium und reinem Carbon dar.

Ein weiteres Qualitätskriterium beim Kauf ist das Griff-Schlaufen-System. Hochwertiger und teurer sind ein Korkgriff und eine Schlaufe, die die Hand ein Stück weit anatomisch umschließt. Einige Hersteller haben für einen komfortablen, schnellen Ein- und Ausstieg Klick-Systeme entwickelt, bei de-

Richtige Handposition im Griff-Schlaufen-System

Handschuh mit integrierter Schlaufe

Langlaufstöcke

Handhaltung beim einfachen Schlaufensystem: Von unten mit der ganzen Hand durch die Schlaufe gehen und von oben den Griff umfassen.

nen die Schlaufe am Handschuh bleiben kann bzw. schon in den Handschuh integriert ist. Auch mit der einfachen Standardschlaufe,

Handschuhe mit integrierter Schlaufe

> **KURZ UND KNAPP**
>
> Hier gilt: Ausprobieren! Schlüpfen Sie in verschiedene Schlaufen hinein und bewegen Sie den Stock nach vorne und hinten. Entscheiden Sie sich für das System, mit dem Sie sich wohlfühlen!

die sehr preisgünstig ist, kann man gut langlaufen. Die Biathleten nutzen diese auch in ihren Wettkämpfen. Der Griffkomfort steigt mit einer eher weichen Umhüllung. Hartplastikgriffe können zu Blasen oder Druckstellen führen, weichere Kunststoff-, Naturkautschuk- oder Korkgriffe passen sich der Hand besser an und lassen die Finger nicht so schnell auskühlen.

Beim Teller gibt es nicht viel zu beachten. Er sollte nicht zu klein sein, da der Stock sonst in weichem Schnee einsinkt. Wenn Sie die Stöcke auch beim Sommertraining nutzen wollen, achten Sie auf Hartmetallspitzen, welche sich nicht so schnell abnutzen. Im Zweifelsfall wenden Sie sich an einen guten Fachhändler. Für das Sommertraining gibt es auch spezielle, sehr harte Spitzen, die man nachrüsten kann.

Zur Stocklänge

Skatingstöcke und solche für die klassische Lauftechnik unterscheiden sich in der Länge. Ein Skatingstock ist etwa zehn Zentimeter länger als ein Klassikstock. Vom Aufbau und der Eignung her unterscheiden sich die Stöcke zwischen beiden Lauftechniken jedoch nicht. Faustformeln:
- Stocklänge Skating = Körpergröße x 0,89
- Stocklänge Klassisch = Körpergröße x 0,84

Materialkunde

> **KURZ UND KNAPP**
>
> Generell gilt: Kräftige, sportliche Läufer mit guter Lauftechnik tendieren zu einem längeren Stock, schwächere Läufer nehmen einen kürzeren. Dies sollte aber einen Bereich von +5 und −10 Zentimeter um die errechnete Länge nicht über- bzw. unterschreiten.

- Skiwandern (Nordic Cruising) = Körpergröße x 0,79

Weitere vereinfachte Anhaltspunkte:
- der Skatingstock reicht, direkt an den Körper gestellt (nicht auf Ski stehend), etwa bis zum Mund bzw. bis zur Nasenspitze
- der Klassikstock erreicht eine Höhe zwischen Achselhöhle und Schulter
- Klassikstock für Skiwanderer nicht höher als Achselhöhle

Langlaufschuhe

Schuhe für die klassische Lauftechnik

Der Klassikschuh ermöglicht durch seine Flexibilität im Vorfußbereich und einen lockeren Schaft um den Knöchel bestes Abstoßverhalten. Er bietet dem Fuß mehr Bewegungsfreiheit als ein Skatingschuh. Hochwertige Schuhe haben in der Regel Carbonsohlen – diese sind nur für sportliche Läufer oder für Wettkämpfe geeignet. Sie sind zwar sehr leicht, bieten aber nur geringen Wärmeschutz. Freizeitsportler und Skiwanderer sollten sich an Mittelklasse- oder Einsteigermodellen orientieren, da diese besser gegen Kälte isoliert sind. Einsteigermodelle bieten am Knöchel auch etwas mehr Halt, was für Anfänger zunächst ganz angenehm erscheint.

Skatingschuhe

Skatingschuhe besitzen einen hohen Schaft mit einer Kunststoffschale und sorgen so

In der Sonne macht Skilanglauf gleich doppelt soviel Spaß!

Langlaufschuhe

für mehr seitliche Stabilität. Flexibel ist der Schuh nur in der Vorwärtsbewegung. Beim Abstoß wird ein seitliches Einknicken verhindert. Die Sohle ist hart und verwindungssteif. Auch hier sind Carbonsohlen nur für wettkampfambitionierte Läufer geeignet, da sie kaum wärmeisoliert sind.

Kombischuhe

Mit einem sogenannten Kombimodell kann man skaten und klassisch laufen. Sie bieten die Möglichkeit, Kosten zu sparen, aber man geht so einen Kompromiss zwischen Stabilität und Flexibilität ein. Diese Modelle sind nicht ganz so stabil wie ein Skatingschuh und bie-

Von oben: Klassikschuh, Kombischuh, Skatingschuh und Schuh zum Skiwandern (Nordic Cruising)

Materialkunde

Skating im Gleichschritt

ten weniger Bewegungsfreiheit als ein Klassikschuh. Dennoch sind sie für Langlaufeinsteiger anfangs gut geeignet. Wer sich aber intensiver mit beiden Techniken beschäftigt, sollte in zwei Paar Schuhe investieren.

Schuhe für Skiwanderer (Offtrack-Schuhe)

Der Schaft ist etwas höher und bietet damit mehr Halt als Klassikschuhe. Sie sind bestens vor Nässe, Schnee und Kälte geschützt. Die Schuhe sind warm gefüttert, Material und Reißverschlüsse sind wasserdicht.

BEKLEIDUNGSTIPPS

- Kleiden Sie sich nach dem »Zwiebelprinzip«! Mehrere dünne Schichten sind besser als eine dicke.
  1. Unterwäsche
  2. lange Sportunterwäsche für Oberkörper und Beine
  3. langes (gefüttertes) Laufshirt und Laufhose
  4. dünne Weste oder/und dünne Jacke (je nach Witterung und Intensität des Trainings)

- Achten Sie auf **Funktionalität: Atmungsaktivität** sollte unbedingt gegeben sein, da nur so die Feuchtigkeit nach außen transportiert werden kann. Wind- und wasserabweisende Materialien werden der Witterung angepasst getragen. Eine Windschutzweste macht zumeist Sinn, wasserdichte Materialien nur wenn es regnet, da hier die Atmungsaktivität in der Regel eingeschränkt ist.

- Die Kleidung sollte **Bewegungsfreiheit** gewährleisten. Am besten eignet sich langlaufspezifische Kleidung, die elastisch und funktionell ist. Tragen Sie nicht zu weite und nicht zu enge Kleidung – beides kann sich störend auswirken.

- Leicht gefütterte **Handschuhe** und eine eher dünne **Laufmütze** gehören ebenfalls zur Langlaufausstattung. Bei eisigen Temperaturen wählt man warme Handschuhe und eine dickere Mütze, welche über die Ohren geht.

- Ideal bei kalten, windigen Bedingungen ist ein dünnes Halstuch, wie etwa die Multifunktionstücher der Firma HAD. Man kann sie um den Hals tragen, als Gesichtsmaske nutzen oder unter der Mütze über den Kopf gezogen tragen, womit sie Ohren, Hals und einen Teil der Kinn- und Wangenpartie schützen.

- Eine **Brille** schützt vor UV-Strahlen, Wind, Niederschlag und vor den Stöcken anderer Läufer.

- Nehmen Sie auf längeren Touren **Wechselkleidung** mit!

Langlaufschuhe

Skilanglauf durch die einsame Natur

Skipräparation und Pflege

Allgemeine Hinweise

- »Zusammenclipsen«
  Drücken Sie die Ski mittels Skiclips oder ähnlichem nicht dauerhaft in der Mitte zusammen! Über längere Zeit kann dies die Skispannung mindern. Die Ski werden bei Lagerung oder Transport mit zwei Skiclips vorne und hinten zusammen geklettet. Die Clips sorgen dafür, dass die Beläge nicht aufeinander reiben, denn wenn sie dies tun, können Mini-Kratzer entstehen, die das Gleitvermögen mindern.
- »Einsommern«
  Ist die Langlauf-Saison zu Ende, so müssen die Ski für den Sommer eingelagert werden. Dazu wird die Steigzone von dem evtl. aufgetragenen Wachs mit einem speziellen Wachsentferner befreit (siehe »Reinigung der Steigzone«) und die Gleitflächen werden mit einem Gleitwachsreiniger behandelt. Anschließend wird Gleitwachs eingebügelt (Beschreibung siehe unten). Die Steigzone wird dabei ausgespart. Der Belag ist somit vor Schmutz und Kratzern geschützt, und es wird verhindert, dass der Belag austrocknet. Haben Sie keine Möglichkeit, die Ski selbst zu wachsen, können Sie diese auch zum Skiservice in ein Fachgeschäft geben. Verdeutlichen Sie aber Ihr Anliegen, die Ski »einsommern« zu wollen, sonst wird das Wachs gleich wieder abgezogen. Das Wachs wird nämlich erst im folgenden Winter wieder abgezogen, wenn der Ski auf seinen nächsten Einsatz vorbereitet wird.

Wenn Sie Straßen und Wege kreuzen, auf denen keine geschlossene Schneedecke liegt, schnallen Sie die Ski unbedingt ab! Vermeiden Sie es, über Steine zu laufen, denn dies verkratzt den Belag. Kratzer machen die Oberfläche des Belages rau, was die Gleiteigenschaften im negativen Sinne beeinflusst. Ihr Ski wird langsamer!

Warum werden Ski gewachst

Zum einen, um im Aufstieg zusätzliche Haftung zu erreichen (Steigwachse) und zum anderen, um die Gleitfähigkeit der Laufflächen zu verbessern (Gleitwachse). Dies hört

Skiclipse

Zusammengeclipster Ski

Skipräparation und Pflege

sich zwar widersprüchlich an, aber genau das macht einen gut präparierten Langlaufski aus: In den Anstiegen findet man guten Abdruck, und im flachen und fallenden Gelände läuft der Ski leicht und schnell. Man verbessert somit die Laufeigenschaften des Skis – auch die eines Nowax-Skis, der kein Steigwachs, wohl aber Gleitwachs benötigt. Die Gleitwachse pflegen und schützen alle Langlaufski. Beim »Einsommern« ist der Ski durch die Wachsschicht vor Kratzern und Austrocknung geschützt. Während des Winters sollten die Ski ebenfalls regelmäßig gewachst werden, damit der Belag nicht trocken und spröde (= grau) wird. Man kann den Belag mit der menschlichen Haut vergleichen. Ist die Haut trocken, fühlt sie sich rau und stumpf an. Hat sie dagegen genug Feuchtigkeit, ist sie glatt. Ähnlich verhält es sich mit den Ski, werden sie längere Zeit nicht gewachst, werden sie langsam und der Belag stumpf. Die Poren im Belag sollten also immer mit Wachs getränkt sein. Dies macht ihn wasserabweisend, und der Ski gleitet leichter über den Schnee; bei schlecht oder gar nicht gewachsten Ski kann (Neu-)Schnee aufgrund mangelnder Wasserabweisung sogar an den Gleitflächen kleben bleiben.

Checkliste zum Pflegematerial der Gleitflächen

Wenn Sie Ihre Ski selbst mit Gleitwachs pflegen möchten, so benötigen Sie folgende Ausrüstung:
- Klemmvorrichtung für Langlaufski bzw. einen »Wachsbock« (siehe Abb.)
- Wachsbügeleisen mit Temperaturregler (bei Haushaltsbügeleisen besteht wegen ungenauer Temperaturregelung die Gefahr, den Belag zu verbrennen!)

> **KURZ UND KNAPP**
>
> Es ist nicht immer notwendig, den Ski nach jedem Training mit Gleitwachs zu behandeln. Beobachten Sie den Belag – wenn er sich weiß-gräulich färbt (siehe Abb.), sollten Sie ihn wachsen bzw. wachsen lassen.

Weißlich grauer Skibelag, welcher nach Wachs schreit

»Wachsbock«

Checkliste zum Pflegematerial der Gleitflächen

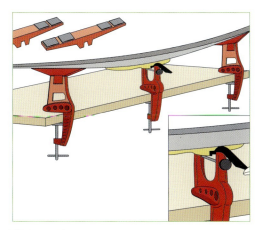

Klemmvorrichtung

- Rillenspachtel und Abziehklinge aus Kunststoff/Plexiglas
- Gleitwachs
- zwei Bürsten, wobei Sie jeweils die Wahl haben zwischen
  - Nylon- oder Stahlbürste (keine Messingbürste!) kombiniert mit
  - Wildschwein- oder Rosshaarbüste
- Gleitwachs

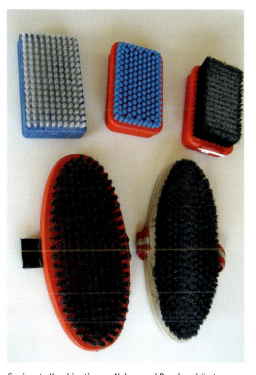

Geeignete Kombinationen: Nylon- und Rosshaarbürste oder Stahl- und Wildschweinbürste. In der Abbildung oben: Nylon-, feine Nylonbürste (Finishbürste für Flourwachse) und Stahlbürste. Unten: Wildschwein- und Rosshaarbürste.

Wachsbügeleisen

Rillenspachtel (oben), Kunststoffabziehklingen (unten)

Skipräparation und Pflege

- Tuch (»Fiberlene« oder Küchenrolle)
- Schmales Kreppklebeband (nur für Klassikski)

Gleitwachse

Gleitwachse sind normalerweise in kleinen, festen Blöcken erhältlich. Es gibt universelle Wachse für alle Schnee- und Temperaturbedingungen, welche gut für Einsteiger geeignet sind. Wer seinen Ski den jeweiligen Temperaturbedingungen anpassen möchte, wählt Gleitwachse mit Temperaturbereichsempfehlung (z.B. −6°C bis 0°C). Hochwertige Wachse sind mit Flour angereichert; sie sind zwar teurer, weisen aber eine stärkere wasser- und schmutzabweisende Wirkung auf – der Ski gleitet besser und ist dadurch schneller.

Pflege der Gleitflächen

Die Behandlung eines Skis mit Gleitwachs:
- Bringen Sie bei einem Klassikski etwas **Kreppklebeband** am oberen und unteren Ende der Steigzone an, damit kein Gleitwachs auf die Steigzone gelangt (Abb.)
- Optimal: Reinigen Sie die Gleitflächen mit einem speziellen **Gleitwachsreiniger** (Abb.) und lassen Sie den Belag danach einige Minuten trocknen; Achtung, keine normalen Wachsentferner benutzen – diese können eine Verschlechterung der Gleitfähigkeit bewirken

> **EXPERTENTIPP**
>
> Wer an Wettkämpfen teilnimmt oder einfach Spaß an einem schnellen Ski hat, sollte diesen am Vortag mit flouriertem Gleitwachs einbügeln. Flüssige Gleitwachse sind weit weniger effektiv, sie sind schon nach wenigen Kilometern »verbraucht«; eingebügeltes Wachs hält länger und pflegt besser.

Verschiedene Gleitwachse

Gleitwachsblock

Gleitwachsreiniger für Gleitflächen (nicht für die Steigzone)

Pflege der Gleitflächen

Wachs auftropfen.

Wachs einbügeln.

Wachs kurz erwärmen und aufreiben.

- Stellen Sie das **Wachsbügeleisen** auf die empfohlene **Wachstemperatur** (siehe Wachsverpackung) ein und bringen Sie das Wachs auf den Belag auf. Hierfür erwärmt man den Wachsblock am Bügeleisen und lässt das Wachs auf den Belag **tropfen** oder man hält den Wachsblock nur kurz an die Bügeleisenfläche und **reibt** den erwärmten Block schnell über den Belag (sparsamer als das Auftropfen).
- Ist die Gleitfläche mit Tropfen oder Wachsschuppen bedeckt, wird das Wachs von der Spitze aus in Richtung Skiende eingebügelt. In gleichmäßiger Geschwindigkeit führt man das Wachsbügeleisen in ca. acht Sekunden ohne anzuhalten über den Belag; beim Klassikski wird allerdings die Steigzone ausgespart, diese wird nicht mit Gleitwachs behandelt.
- Der Ski sollte fünf bis zehn Minuten **auskühlen. Anschließend bügeln** Sie erneut über die Gleitflächen und verflüssigen noch einmal das aufgetragene Wachs; bei Bedarf kann dies auch noch ein drittes Mal erfolgen.
- Nach zwei- oder dreimaligem Bügeln und anschließendem Abkühlen wird zuerst mit dem **Rillenspachtel** das Wachs aus der Mittelrille entfernt. Denn wenn man mal abrutscht, verkratzt man den Belag nicht, weil die Lauffläche noch mit Wachs geschützt ist.

Abgekühltes Wachs mit der Rillenspachtel aus der Mittelrille entfernen.

Skipräparation und Pflege

Abgekühltes Wachs mit der Kunststoffklinge im 45-Grad-Winkel abziehen.

- Anschließend das Wachs mit der **Kunststoffklinge** von der Lauffläche abziehen, dabei immer von der Skispitze aus in Richtung Skiende arbeiten! Fahren Sie mit der etwa 45 Grad nach vorne geneigten Klinge mehrmals über den Belag, bis sich kein Wachs mehr vom Belag entfernen lässt.
- Zum Schluss wird der Belag ausgebürstet; zuerst mit der Nylon- oder Stahlbürste so oft in kurzen Bewegungen (ca. fünfmal) über die gesamte Gleitfläche des Ski bürsten, bis kein Wachsstaub mehr zu sehen ist. Danach mit der Rosshaar- oder Wildschweinbürste ca. dreimal ausbürsten, um die Strukturen freizulegen.
- Entfernen Sie das Klebeband und wischen Sie mit einem weichen Tuch den Wachsstaub von den Gleitflächen

KURZ UND KNAPP

Achten Sie bei allen Arbeitsschritten konsequent darauf, immer in Laufrichtung des Skis zu arbeiten: Von der Spitze zum Skiende!

Der neu gekaufte Ski ist in der Regel mit Gleitwachs eingebügelt um den Belag zu schützen. Ziehen Sie dieses zunächst mit Rillenspachtel und Kunststoffklinge ab und bürsten Sie ihn kurz aus, bevor Sie ihn mit neuem Wachs einbügeln.
Die Kunststoffklingen nutzen sich mit der Zeit ab. Schärfen Sie diese gelegentlich mit einem speziellen Gerät oder ersetzen Sie die Klinge, wenn sie stumpf geworden ist.

EXPERTENTIPP

Für die Präparation eines fabrikneuen Langlaufskis wachsen Sie den Ski vor dem ersten Laufen nach obiger Anleitung dreimal hintereinander (also insgesamt dreimal Bügeln, Abziehen und Bürsten); dies ist nur beim ersten Wachsen notwendig. Bei nachfolgenden Behandlungen reicht einmaliges Bügeln, Abziehen und Bürsten pro Wachsvorgang aus. Im ersten Winter sollten Sie den neuen Ski häufiger wachsen, da der Belag eine gewisse Grundsättigung an Wachs benötigt, bis der Ski seine optimalen Laufeigenschaften aufweist.

Belag mit einer weichen Stahlbürste ausbürsten.

Belag mit einer Wildschweinbürste ausbürsten.

Strukturieren der Gleitflächen (für Fortgeschrittene)

Einen Skating- oder Nowax-Ski können Sie nach dieser Behandlung laufen. Beim Wachsski wird die Steigzone mit Schleifpapier (Körnung 100) angeraut und anschließend mit Steigwachs präpariert (siehe Seite 56ff).

> **KURZ UND KNAPP**
>
> Strukturgeräte sind vor allem für sportliche und wettkampfambitionierte Läufer empfehlenswert.

Strukturieren der Gleitflächen (für Fortgeschrittene)

Unterschiedliche Strukturen im Belag beeinflussen bzw. optimieren die Laufeigenschaften des Langlaufskis. **Generell gilt: feine Strukturen bei kalten, trockenen Bedingungen, grobe Strukturen bei warmen, feuchten Bedingungen.** Beim Laufen entsteht zwischen Schnee und Belag eine dünne Schicht aus Wassermolekülen. Diese lässt den Ski nur suboptimal gleiten, denn sie saugen sich durch die Adhäsionskräfte an den Belag. Durch das »Strukturieren« des Belags verringert man die Kontaktfläche zwischen Belag und Schnee; je nach Schneetemperatur/Schneeart ist die Wasserschicht zwischen Belag und Schnee unterschiedlich stark; deshalb werden unterschiedliche Strukturen in den Belag gepresst. Von verschiedenen Herstellern gibt es handliche Strukturgeräte, mit denen man seinen Ski an die aktuellen Schneebedingungen anpassen kann. Für die Strukturgeräte gibt es verschiedene Einsätze. Folgende Einsätze gibt es beispielsweise von SWIX (inkl. grober Temperaturrichtwerte, zwischen den einzelnen Modellen können die Temperaturbereiche etwas verschoben sein):

Wenn Sie zwischen zwei Strukturen schwanken, wählen Sie die feinere von beiden.
Der Ski wird nach der Behandlung mit Gleitwachs strukturiert. Dazu fährt man mit dem Strukturgerät unter hohem Druck ohne abzusetzen zwei- bis dreimal von der Skispitze bis zum Skiende über den Belag; anschließend wird die Belagfläche nochmals mit der Rosshaar- oder Wildschweinbürste sorgfältig ausgebürstet.

Diese manuell erzeugten Strukturen sind nicht von Dauer. Die Hitze des Bügeleisens beim Wachsen führt dazu, dass sich die Struktur im Belag mit der Zeit wieder glättet, was den Vorteil hat, dass man den Ski

Ein Handstrukturgerät

Extrafein	0,25 oder 0,3 mm	−8°C und kälter
Fein	0,5 mm	−3°C / −8°C
Medium	0,75 mm	+1°C / −3°C
Grob	1 mm	0°C / +10°C

Skipräparation und Pflege

an die jeweiligen Tagesbedingungen anpassen kann. Jeder Ski ist jedoch vom Hersteller mit einem Maschinenschliff vorstrukturiert; diese Strukturen sind eingeschliffen und von langer Dauer.

Checkliste zum Pflegematerial der Steigzone eines Wachsskis (für Fortgeschrittene)

Wer einen Wachsski präparieren möchte, benötigt folgende Materialien:
- Klemmvorrichtung für Langlaufski oder »Wachsbock«
- Schleifpapier mit Körnungen zwischen 80 und 120
- Korken zum Verreiben
- Wachsentferner
- Tuch (»Fiberlene«/Küchenrolle)
- Heißluftfön
- schmale Abziehklinge
- Kreppklebeband
- Wachsbügeleisen
- verschiedene Hartwachse
- verschiedene Klisterwachse
- Grundwachs

Steigwachse (für Fortgeschrittene)

Hartwachs

Die Palette an Hartwachsen reicht von −30°C bis etwa +3°C. Hartwachse sind für Neu- und Altschnee, vorrangig **feinkörnigen Schnee** geeignet, der nicht allzu eisig oder nass ist; man sollte für alle Temperaturbereiche ein Hartwachs im Sortiment haben.

Hartwachse

Korken zum Verreiben der Hartwachse

Steigwachs zum Aufsprühen

Schmale Abziehklinge aus Kunststoff zum Abziehen von Steigwachsen

Steigwachse (für Fortgeschrittene)

Mittlerweile gibt es Steigwachse zum Aufsprühen, welche im Handling sehr einfach sind und gute Laufeigenschaften aufweisen. Für welche Temperatur- und Schneebedingungen die einzelnen Wachse geeignet sind, kann man der Beschriftung auf der Verpackung entnehmen.

Klister

Klisterwachse sind für **nassen, eisigen** und grobkörnigen Schnee, sie sind von klebrig-zäher Konsistenz. Die Temperaturspannen sind hier sehr groß, von ca. −25°C bis +12°C. Auch hier sollten alle Temperaturbereiche abgedeckt sein, damit der Ski für alle Schneebedingungen präpariert werden kann.

Grundwachs

Oft ist es sinnvoll – z.B. wenn der Schnee »aggressiv« ist oder man lange Strecken laufen möchte –, unter die Steigwachsschicht ein Grundwachs aufzutragen. Diese werden auch als »Base«-Wachse bezeichnet und decken ein großes Temperaturspektrum ab. »Base«-Klister gibt es zum Einbügeln und Aufsprühen, was das Auftragen schnell und einfach macht; die Hart-Grundwachse werden mit dem Wachsbügeleisen eingebügelt. Auf die eingebügelte Schicht wird das Tageswachs aufgetragen und per Hand (Klister) oder mit einem Korken (Hartwachs) verrieben.

Klistertuben

Hartes Grundwachs

Base-Klister zum Aufsprühen

Skipräparation und Pflege

Präparation und Wachsen der Steigzone beim Wachsski (für Fortgeschrittene)

Das Präparieren der Steigzone ist eine kleine Wissenschaft für sich. Viele erfahrene Langläufer haben ihre »eigenen« Methoden und Kniffe, Wachse miteinander zu kombinieren und zu verarbeiten.

> **EXPERTENTIPP**
>
> »Übung macht den Meister!« Je mehr Sie beim Training testen und experimentieren, desto besser wird Ihnen das Wachsen mit der Zeit gelingen. Ist der Ski zu glatt oder »klebt« er, nehmen Sie sich die Zeit, um nach- oder neu zu wachsen, bevor Sie das ganze Training mit einem schlecht präparierten Ski laufen und sich ärgern. Machen Sie es sich nicht so schwer, orientieren Sie sich an den Empfehlungen des Herstellers!

Steigzone eines Wachsskis mit Schleifpapier aufrauen.

Auftragen von Grundwachs und Hartwachs

- Steigzone mit **Schleifpapier** aufrauen; in Längsrichtung mehrmals hin und her. Mit einem Tuch den Staub abwischen und den Rand der Gleitflächen mit Kreppklebeband abkleben.
- Eine dünne Schicht **Grundwachs** auf die Steigzone einreiben und bei ca. 100–110°C

Auf Langlaufski der Sonne entgegen

Präparation und Wachsen der Steigzone ...

kurz einbügeln; anschließend den Ski einige Minuten abkühlen lassen
- Das entsprechende **Tageswachs** in dünner Schicht auf das eingebügelte Grundwachs auftragen und kurz einbügeln; nach dem Abkühlen in langen Zügen mit dem **Korken** verreiben
- Die Präparation mit Grundwachs ist vor langen Laufstrecken zu empfehlen; man kann natürlich auch **nur** mit **Hartwachs** laufen.

Auftragen von Hartwachs bzw. hartem Grundwachs

Grundwachs auf der Steigzone einbügeln.

Skipräparation und Pflege

> **EXPERTENTIPP**
>
> Mehrere dünne Schichten sind besser als eine dicke! Verkorken Sie das Wachs nicht so stark, dass es eine kaugummiartige Konsistenz annimmt! Weiches, zähes Hartwachs für warme Bedingungen vor dem Auftragen am besten kurz in den Schnee legen, damit es sich besser aufreiben lässt.

Ohne es einzubügeln, trägt man **vier bis sechs dünne Schichten** auf und verkorkt die einzelnen Schichten jeweils in langen Zügen (auch ohne Wachsbock direkt an der Loipe möglich).
- Man kann auch eine Schicht des oben erwähnten Sprüh-Steigwachses aufbringen; diese Schicht lässt sich nur einige Sekunden nach dem Aufsprühen mit dem Finger leicht verteilen, anschließend ist sie klebrig-fest.
- Das Kreppklebeband entfernen
- An der Loipe gegebenenfalls nachwachsen
- Nach dem Einbügeln von Grundwachs Wachsbügeleisen abwischen bzw. reinigen

Auftragen von Klister
- Steigzone mit **Schleifpapier** in Längsrichtung aufrauen, mehrmals hin und her bewegen, den Staub mit einem Tuch abwischen und Gleitflächenrand abkleben
- Als **Grundwachs** eignet sich ein Sprühklister; einfach aufsprühen, evtl. kurz mit dem Finger verteilen und zwei bis drei Minuten trocknen lassen. Anschließend das Tageswachs auftragen; die Präparation von Grundwachs ist bei sehr eisigen Verhältnissen oder für lange Distanzen zu empfehlen.
- Klisterwachs in dünnem »Tannenbaummuster« (siehe Abb.) auf die Steigzone aufbringen
- Mit dem Daumen oder Handballen den Klister verreiben, so dass eine gleichmäßige Schicht entsteht; gegebenenfalls den

Das Auftragen von Klisterwachs im »Tannenbaum-Muster«

Reinigung der Steigzone

Klister mit dem Handballen langsam glätten.

Klister kurz mit einem Heißluftfön oder Gasbrenner erwärmen, dann lässt er sich leichter verreiben. Aber Vorsicht: Verbrennen Sie nicht den Belag und nicht Ihre Haut!

- Den Ski **abkühlen** lassen und, falls notwendig, eine zweite Schicht auftragen

Achten Sie beim Wachsen generell darauf, dass die Mittelrille des Skis frei bleibt! Sollte diese in der Steigzone mit Wachs gefüllt sein, kratzen Sie es mit einem Rillenspachtel sorgfältig heraus.

Reinigung der Steigzone

Wollen Sie ein anderes Wachs auftragen, weil sich die Schnee- und Temperaturbedingungen ändern oder möchten Sie den Ski mit Gleitwachs einlassen, dann reinigen Sie vorher die Steigzone.

- Das alte Wachs wird kurz mit dem **Heißluftfön** erwärmt und anschließend wird so viel Wachs wie möglich mit der schmalen **Abziehklinge** von der Steigzone abgezogen (s. Abb. unten). Das Wachs wird mit einem alten Tuch von der Klinge abgewischt.
- Mit einem mit flüssigem **Wachsentferner** getränkten Tuch reibt man das restliche Wachs

Steigwachs (Klister) mit der schmalen Abziehklinge entfernen.

Skipräparation und Pflege

ab – auch an den Seitenwangen des Skis (s. Abb. unten).
- Anschließend den Ski gut trocknen lassen

Tuch mit Wachsentferner beträufeln.

Mit dem mit Wachsentferner getränkten Tuch über die Steigzone wischen.

Steigzonenpflege beim Schuppen- und Zero-Ski

Es empfiehlt sich, bei Schuppen- oder anderen Nowax-Ski gelegentlich die Steigzone mit **Wachsentferner** zu reinigen, da sich hier mit der Zeit Schmutz ansammelt.

Tragen Sie gelegentlich, v.a. bei leicht feuchtem Neuschnee, ein **Zero-Spray** auf; für sportlich ambitionierte Läufer gibt es auch Zero-Spays mit Flouranteilen. Bevor Sie mit dem Laufen beginnen, den Ski kurz trocknen lassen. Diese Sprays verbessern die Gleiteigenschaften des Skis und verhindern, dass (Neu-) Schnee an der Steigzone kleben bleibt und vereist.

Zero-Spray

Skiaufbereitung (für Fortgeschrittene)

Dazu benötigt man
- Schleifpapier
- eine scharfe Stahlabziehklinge (Abb.)

Wenn der Belag stark verkratzt ist, sollte man den Ski im Fachgeschäft maschinell neu schleifen lassen. Kleine Beschädigungen am Belag kann man aber auch selbst ausbessern.

Abziehklinge aus Stahl

Skiaufbereitung (für Fortgeschrittene)

Fädelt sich der Belag an der Skikante auf, kann dieser »Faden« vorsichtig mit einer Stahlklinge abgetrennt werden, mit feinem Schleifpapier (Körnung 120 oder feiner) wird die Kante anschließend an dieser Stelle geglättet. Auch andere Unebenheiten an der Skikante können mit Schleifpapier vorsichtig beigeschliffen werden. Verfahren Sie bei Ihren Korrekturarbeiten immer in Laufrichtung des Skis!

Erfahrene Langläufer können durch ein gefühlvolles, gleichmäßiges Abziehen der Belagsfläche mit der Stahlklinge leichte Kratzer und Unebenheiten ausgleichen (nicht zu stark aufdrücken!). Nach diesem Abziehen sollte man den Ski mit Gleitwachs behandeln und ihn anschließend mit einem Handstrukturgerät neu strukturieren.

Wer Skilanglauf intensiv als Wettkampfsport betreibt, kann sich mittels Nanowachsen, hochflourierten Sprays, Pulvern und Wachsen einen noch schnelleren Ski präparieren.

Kleine Beschädigungen (z.B. Belagsfäden) vorsichtig mit Schleifpapier entfernen bzw. glätten.

Diese Finish-Wachse sind jedoch sehr teuer und der Effekt hält nur wenige Kilometer an.

Bei bestem Wetter: Ab auf die Bretter!

Erste Schritte und Sicherheitstraining

Um sich und andere Läufer in der Loipe nicht zu gefährden, ist es wichtig, dass man lernt, seine Geschwindigkeit und Richtung jederzeit kontrollieren zu können. Nur so kann man vorausschauend sowie verantwortungsbewusst laufen und den Sport dabei ohne Stress und Angst genießen. Die folgenden Übungen sollten vor allem zu Beginn und später auch immer wieder bei verschiedenen Schneebedingungen und in unterschiedlichem Gelände geübt werden. Dies gilt nicht nur für Anfänger! Die folgenden Übungen können unabhängig von der Lauftechnik von allen Langläufern durchgeführt werden. Sie eigenen sich auch sehr gut zum Aufwärmen.

Auf den folgenden Seiten werden immer wieder Übungen ohne Stöcke beschreiben. Diese schulen im Besonderen die Gleichgewichtsfähigkeit. Ausbalanciert auf den Langlaufskiern durch kupiertes Gelände bei unterschiedlichen Schneebedingungen zu laufen, stellt die zentrale Herausforderung des Langlaufens dar. Das Gleichgewicht muss ständig hergestellt oder wieder gefunden und gehalten werden. Das Gleichgewichtstraining trainiert zahlreiche Muskeln, auch viele tiefliegende und stabilisierende, die wir zum Teil nicht bewusst ansteuern können, weil sie z.B. zum Schutz vor einem Sturz reflexartig anspannen. Gleichgewichtstraining ist somit auch immer Verletzungsprophylaxe.

Skilanglauf in mitten zauberhafter Winterlandschaft

Erste Schritte und Sicherheitstraining

Übungen zur Skigewöhnung und Gleichgewichtstraining

Side-Step

Ohne Stöcke werden im flachen Gelände mit den Ski Schritte seitwärts gesetzt, ohne dass diese ins Gleiten geraten; dies übt man zur rechten wie zur linken Seite. Die Skistellung ist dabei parallel. Der Side-Step wird beispielsweise benötigt, wenn man aus der Diagonalspur heraussteigen möchte. Wenn man den Ski zur Seite setzt, beugt man beide Knie etwas (Bild 1). Steigt man mit dem anderen Bein nach, erfolgt eine Streckung in den Kniegelenken (Bild 2). Hierbei wird ein kontinuierlicher Belastungswechsel vom linken auf das rechte Bein und umgekehrt geübt. Belastungswechsel und immer wieder kurzzeitig einbeiniges Stehen und Gleiten werden beim Langlaufen ständig gefordert.

Treppenschritt

Hierbei handelt es sich ebenfalls um einen Side-Step, der Unterschied liegt nur darin, dass die seitlichen Schritte an einem Hang ausgeführt werden. Die Skispitzen zeigen dabei nicht berg- oder talwärts, sondern zur

Side-Step bzw. Treppenschritt

Seite, so dass die Skier bei dieser Übung nicht ins Gleiten geraten. Durch das vorherrschende Gefälle wird der Ski vermehrt aufgekantet, dies ist notwendig um sich nach oben abstoßen zu können und um talwärts Halt zu finden. Der Treppenschritt kann hangauf- und hangabwärts ausgeführt werden. Die Knie werden beim Seitwärtsbewegen ebenfalls gebeugt und gestreckt. Mit dieser Schritttechnik können auch sehr steile Geländepassagen bewältigt werden.

Übungen zur Skigewöhnung und Gleichgewichtstraining

Umsteigen und Drehen

Ein sternförmiges Treten um die Skienden oder -spitzen trainiert die Balance bei Richtungsänderungen. Hierbei finden im Kniegelenk Beuge- und Streckbewegungen statt, welche relativ große Schritte ermöglichen, ohne dass man instabil wird. Die kreisförmige Bewegung kann rechts- und linksherum ausgeführt werden. Als Steigerung kann dieses Umsteigen auch leicht angesprungen durchgeführt werden.

Umsteigen um die Skispitzen

Erste Schritte und Sicherheitstraining

Laufen auf der Stelle

Laufen auf der Stelle

Diese Übung bietet sich an, um sich an die langen schmalen Ski zu gewöhnen, sich aufzuwärmen und an seinem Gleichgewichtsgefühl zu arbeiten. In flachem Gelände beginnt man mit kleinen, langsamen Schritten, welche man bis zu einem schnellen Kniehebelauf entwickeln kann. Die Arme werden diagonal mitgeschwungen und der Oberkörper ist leicht vorgeneigt; man sollte damit rechnen, dass die Ski bei dieser Übung ins Gleiten geraten können. Ist man hierauf vorbereitet, fällt es leichter, im Gleichgewicht zu bleiben.

Hoch- und Tiefbewegung

Den Körper während einer Schussfahrt bergab zu beugen und zu strecken, trainiert das Gleichgewicht auf dem fahrenden Ski und schult die Beweglichkeit, sowie das Gefühl für eine stabile Körperposition. Dabei können Positionen zwischen tiefer Abfahrtshocke und durchgestreckter, aufrechter Haltung eingenommen werden. Es ist auch möglich, sich mit Skistöcken Tore zu bauen und darunter durchzufahren (siehe Abb.). Dies sollte zunächst in leicht abfallendem Gelände, welches flach ausläuft, geübt werden.

Tiefbewegung bei der Fahrt durch ein mit Stöcken gebautes Tor

Auf einem Bein

Eine gute, aber auch schwierige Gleichgewichtsübung ist die Schussfahrt auf nur einem Bein. Der Oberkörper wird leicht vorgeneigt und das Standbein leicht gebeugt. Während des Gleitens wird nun auf einem Ski balanciert; dies sollte abwechselnd mit dem linken und rechten Bein geübt werden. Wenn Sie etwas langsamer beginnen möchten, balancieren Sie zunächst im Stand auf einem Ski! Als Steigerung dieser Übung kann man auch für einen kurzen Moment die Augen schließen.

Bodenwellen

Bodenunebenheiten, Geländeübergänge und Wellen stellen ein sehr gutes Training für die Körperpositionierung und das Gleichgewicht dar. Dabei gilt es, eine mittlere Position einzunehmen: Sprung-, Knie- und Hüftgelenke werden leicht gebeugt und arbeiten wie eine Feder. Die Wellen werden sanft mit leichten Beuge- und Streckbewegungen in den Beinen abgefangen. Der Oberkörper bleibt dabei in einer ruhigen Position leicht nach vorne

Schussfahrt auf einem Bein

geneigt. Arbeitet der Körper nicht mit und sind die Beine durchgestreckt oder rudern die Arme, so ist alsbald mit dem Verlust des Gleichgewichts (= Sturz) zu rechnen.

Schussfahrt über Bodenwellen

Erste Schritte und Sicherheitstraining

Grundposition Pflug mit abgesenktem Körperschwerpunkt von der Seite und von vorne

Bremstechniken

Schneepflug

Der Pflug oder auch Schneepflug ist die grundlegende Technik, um die Geschwindigkeit während des Fahrens zu verringern oder anzuhalten. Diese Bremstechnik sollte jeder Langläufer beherrschen! Fährt man in der Pflugstellung bremsend weiter ohne anzuhalten, bezeichnet man dies als Gleitpflug. Die Beine werden gebeugt und dürfen dabei eine leichte X-Stellung einnehmen. Der Oberkörper wird etwas vorgeneigt, was davor schützt, dass Gleichgewicht nach hinten zu verlieren. Der Körperschwerpunkt, der sich unterhalb des Bauchnabels befindet, wird durch das Beugen von Sprung-, Knie- und Hüftgelenk abgesenkt. Dies ist nicht nur beim Bremsen, sondern generell beim Abfahren und Kurvenfahren wichtig. Es ist also notwendig, dass man diese Grundposition verinnerlicht, da sie immer wieder gefordert wird und schnell abrufbar sein muss.

Ski kantet bei vor- und einwärtsgebeugten Knien auf (starke Bremswirkung)

Flach aufgestellter Ski bei gestrecktem Bein (fast keine Bremswirkung)

Bremstechniken

Neben der Loipenspur stemmt man sich während der Fahrt aus einer parallelen Skistellung in die Pflugstellung. Die Skispitzen nähern sich an, ohne sich zu berühren und die Skienden driften weit auseinander. Beide Ski werden gleichmäßig belastet, die Fersen schieben die Skienden nach außen, die Fußspitzen zeigen zur Mitte. Die Arme werden leicht angewinkelt vor dem Körper gehalten, und die Stockspitzen zeigen nach hinten. Durch das Vor- und Einwärtsbeugen der Knie werden beide Ski auf die Innenkante gestellt. Auf diese Weise baut man Widerstand auf, der sich je nach Bedarf regulieren lässt.

Für den Gleitpflug genügt ein leichtes Auffächern der Skienden, für eine stärkere Bremswirkung wird mehr Druck mit den Beinen ausgeübt und der Winkel, den die Ski bilden, vergrößert; zusätzlich werden die Ski stärker aufgekantet.

> **EXPERTENTIPP**
>
> Bei Abfahrten und generell beim Bremsen gilt grundsätzlich: Die Stockspitzen zeigen nach hinten! Man sieht immer wieder Läufer, die versuchen, mit den Stöcken zu bremsen, indem sie diese in Richtung Skispitzen in den Schnee einstechen. Die Bremswirkung dieser »Methode« ist sehr schlecht und die Verletzungsgefahr groß, weil man sich den Skistock aufgrund ungünstiger Hebel- und Kraftverhältnisse in den Bauch, die Rippen oder das Gesicht stoßen kann.

Gleitpflug (bremsbereites Abfahren, Ski nur minimal aufgekantet)

Bremspflug

Erste Schritte und Sicherheitstraining

So nicht …

Der Schneepflug sollte zunächst in leicht fallendem, flach auslaufendem Gelände ohne Stöcke geübt werden. So kann man sich allein auf die Beinarbeit konzentrieren und wird nicht dazu verleitet, mit den Stöcken in den Schnee zu stechen; zudem stellt dies ein gutes Gleichgewichts- und Körperpositionierungstraining dar. Nach ersten erfolgreichen »Pflugversuchen« kann man das Bremsen variabel gestalten, indem man bei der Schussfahrt vom Gleitpflug in den Bremspflug übergeht und an einem bestimmten Punkt anhält oder indem man während einer Schussfahrt zwischen paralleler Skistellung und Gleitpflug hin- und herwechselt. Lässt sich die Geschwindigkeit im einfachen Gelände gut

> **KURZ UND KNAPP**
>
> Mit dieser Technik kann man alle Abfahrten im persönlichen »Wohlfühltempo« bewältigen – gleichgültig, wie viel Gefälle diese haben.

steuern, übt man an etwas steileren Hängen. Wer etwas geübter ist, keine Angst vor dem Kontrollverlust hat und den Schneepflug sicher beherrscht, kann die Abfahrten nach und nach in vermehrt paralleler Skistellung bewältigen (siehe »Abfahrtstechnik«).

Halbpflug

Neben dem Bremsen auf gewalzter Loipe mittels des Schneepflugs kann man in der gespurten Loipe auch mit dem Halbpflug bremsen. Ein Bein bleibt leicht gebeugt in der Spur und bildet das Standbein, auf welches zunächst das ganze Körpergewicht verlagert wird. Das andere Bein wird zum »Pflügen« aus der Spur gesetzt. Die Ferse drückt das Skiende in der Luft schon leicht nach außen, danach wird das gebeugte Pflugbein in aufgefächerter Stellung vorsichtig in den Schnee gesetzt und sukzessiv stärker belastet und aufgekantet, je nachdem wie hoch die Bremswirkung sein soll. Belastet man das Pflugbein beim Aufsetzen direkt mit vollem Gewicht, hat dies eine starke Brems- und katapultierende Wirkung nach vorne zur Folge und man kann sich möglicherweise nicht mehr auf den Skiern halten.

Bremsen im Halbpflug

Kurven bergab fahren

Paralleler Stoppschwung nach links

Nach rechts abschwingen um einen rechts eingesetzten Stock.

Paralleler Stoppschwung (für Fortgeschrittene)

Wer sich sicher und ausbalanciert auf Langlaufski bewegen kann und mit dem alpinen Skilauf vertraut ist, kann auch mittels eines Parallelschwungs bremsen und anhalten. Die Bremswirkung dieser Technik ist sehr groß. Mit ihr ist es möglich, auch bei höherer Geschwindigkeit abrupt stehen zu bleiben. Die Ski bleiben in paralleler Stellung und werden ruckartig zur Seite gelenkt. Die Knie werden dabei schwungvoll gebeugt und leicht zum Kurvenmittelpunkt gedrückt. Die Ski kanten auf, der ganze Körper ist insgesamt leicht hangaufwärts gelehnt. Diese schwungvolle Technik sorgt für maximale Bremskraft. Man bringt dabei mehr Last auf den Fersenbereich, wodurch die Skienden kurzzeitig stärker beschleunigt werden, was die Ski schließlich quer zum Hang dreht. Der Parallelschwung wird mit einem seitlichen Stockeinsatz eingeleitet. Der Stockeinsatz ist der erste Impuls, der die Drehbewegung einleitet. Sobald die Stockspitze Schneekontakt hat, werden die Knie ruckartig vorwärts-einwärts gebeugt.

Kurven bergab fahren

Kurven in Pflugstellung

Diese Kurventechnik eignet sich generell für Anfänger und kommt bei Fortgeschrittenen Läufern in steilem Gelände zum Einsatz. Man begibt sich während der Fahrt in eine leichte Pflugstellung (Gleitpflug). Der erste Impuls, der die Kurve einleitet, ist eine Drehbewegung des Oberkörpers: Kopf, Arme und Schultern drehen seitlich in die Richtung, in die man fahren möchte (Bild 1, S. 74). Dieser Impuls überträgt sich auf das Becken, welches sich damit automatisch über das kurvenäußere Bein schiebt. Dadurch wird das äußere Bein stärker belastet und die Ferse wird nach außen gedrückt (Bild 3, S. 74). Der Außenski wird vermehrt abgebremst, wodurch die Kurvenfahrt eingeleitet wird; dabei ist wichtig, dass man in den Sprung-, Knie- und Hüftgelenken locker bleibt. Werden die Beine durchgestreckt gehalten, überträgt sich der Impuls vom Oberkörper nicht auf die Ski und man fährt keine Kurve. Diese Kurventechnik ist zwar langsam, aber auch sehr kontrolliert.

Erste Schritte und Sicherheitstraining

Während der Kurvenfahrt kann man die Geschwindigkeit weiter reduzieren, indem man vom Gleitpflug vermehrt in den Bremspflug übergeht. Man kann aber auch umgekehrt durch eine vermehrt geschlossenere Skistellung wieder Geschwindigkeit aufnehmen.

Dies sollte zu Beginn in leicht fallendem, weitläufigem Gelände geübt werden. Wer schließlich sicher durch einzelne Kurven fährt, kann dann versuchen, mehrere Kurven direkt aneinander zu reihen oder durch einen Slalom-Parcours zu fahren. Ein Slalom-Parcours hat den Vorteil, dass man lernt, die Kurven punktgenau zu setzen und dabei am Bewegungsrhythmus und -fluss zu feilen. Einen kleinen Slalom-Parcours kann man sich mit Ästen oder den Skistöcken schnell selbst gestalten.

Linkskurve in Pflugstellung

Kurven bergab fahren

Kurven parallel schwingen (für Fortgeschrittene)

Diese Technik stammt aus dem Alpinskifahren. Die Skistellung bleibt parallel, und man driftet schwungvoll um die Kurve. Der Körper legt sich dabei leicht in die Kurve. Sprung-, Knie- und Hüftgelenke werden bei Kurveneinleitung gebeugt, und man gibt viel Druck auf die Fersen, damit der Ski zügig angedreht wird. Reiht man mehrere Kurven aneinander, etwa beim Bewältigen eines breiten Hanges, richtet sich der Körper in der Phase des Kurvenwechsels wieder auf. Die Ski werden für einen kurzen Moment flach gestellt, bevor man den Körperschwerpunkt wieder kraftvoll-dynamisch absenkt und die Ski umkantet. Die einzelnen Kurven können mit seitlichem Stockeinsatz eingeleitet werden.

Ein Carven auf den Kanten wie beim Alpinskifahren ist nicht möglich. Langlaufski besitzen keine bzw. nur ganz wenig Taillierung. Sie sind im Verhältnis zu lang und zu schmal, die Kanten sind nicht aus Stahl und auch

Paralleles Schwingen um Kurven

Erste Schritte und Sicherheitstraining

Bindung und Schuh bieten nicht so viel Halt wie im alpinen Skilauf. Trotz allem, wer einen Hang gleichmäßig hinunter schwingen kann, zeigt, dass er seine Langlaufski beherrscht.

Das Parallelschwingen ist eine koordinativ anspruchsvolle Übung, die aber auch viel Spaß bereitet.

Geübte Läufer, die den Langlaufski sicher beherrschen, können sich auch an dem Telemark-Schwung probieren. Dazu wird mit dem kurveninneren Bein der typische »Telemark-Knicks« vollzogen (siehe Abb.). Diese Übung fordert besonders die dynamische Gleichgewichtsfähigkeit heraus und trainiert die Beinmuskulatur. Die Kurven werden mit einem Stockeinsatz eingeleitet.

Kurven treten

Bogentreten (für Fortgeschrittene)

In fallendem Gelände um eine Kurve zu treten, ist die schnellste Technik eine Kurve zu durchfahren. Man verliert dabei nicht an Geschwindigkeit, sondern man kann sogar noch beschleunigen. Die Ski driften hier nicht um die Kurve, sie werden nacheinander umgesetzt und in ihren Gleitphasen nicht gebremst. Das bogenäußere Bein fungiert dabei als Abstoßbein, welches zusätzlichen Schwung erzeugen kann. Je nachdem, wie

Telemark-Schwung nach links

Telemark-Schwung nach rechts

> **EXPERTENTIPP**
>
> Je höher die Geschwindigkeit, desto schneller müssen Sie die Ski umsetzen! Sollte die Geschwindigkeit zu hoch sein, so kann diese kurzzeitig mit dem Schneepflug oder einem parallelen Driften wieder reguliert werden. Die einzelnen Abfahrts- und Kurventechniken können immer auch miteinander kombiniert werden. Eine Kurve kann z.B. angepflügt werden und zum Kurvenausgang hin kann man umtreten, um noch etwas Schwung mitzunehmen.

Kurven treten

Bogentreten nach links (bergab)

Erste Schritte und Sicherheitstraining

schnell man durch die Kurve laufen möchte, dosiert man die Kraft beim Abstoß. Der Oberkörper ist deutlich vorgeneigt und leicht in die Kurve hineingelegt. Nur in der Abstoßphase des äußeren Beines findet kurzzeitig eine Beinstreckung statt. Der Großteil dieser Bewegung wird mit gebeugten Beinen ausgeführt; die Arme werden seitlich vor dem Körper gehalten.

Bogentreten mit Stockeinsatz (für Fortgeschrittene)

Wenn das Gelände eher flach und die Laufgeschwindigkeit nicht allzu hoch ist, können die Bogentritte noch mit einem Doppelstockeinsatz ergänzt werden, um ohne Schwungverlust die jeweilige Geländepassage zu bewältigen. Der Stockeinsatz erfolgt, wenn der innere Ski in der Luft ist und das Körpergewicht gerade auf dem Außenbein lastet (siehe Bild unten). Strecken sich die Arme nach hinten durch, steht man auf dem inneren Bein.

Spurwechsel

Nicht nur Klassik-Läufer befinden sich in der Spur, auch Skating-Läufer nutzen bei Abfahrten oft die gespurte Loipe. Befindet sich z.B. ein langsamer Läufer in der Spur, muss man von hinten kommend entweder die Geschwin-

Bogentreten mit Stockeinsatz (flaches Gelände)

Spurwechsel von der linken in die rechte Spur (bergab)

Spurwechsel

digkeit verringern, um nicht aufzufahren, oder in die benachbarte Spur steigen, um zu überholen. Befindet sich ein Hindernis in der Spur oder ein vorne fahrender Läufer stürzt, ist man mit dem Heraussteigen aus der Spur meist schneller als mit dem Bremsen, da ein gewisser Bremsweg bedacht werden muss.

> **KURZ UND KNAPP**
>
> Das Spurwechseln oder Heraussteigen aus der Spur während der Schussfahrt sind für die Sicherheit wichtige Techniken, mit denen jeder Läufer vertraut sein sollte!

Erste Schritte und Sicherheitstraining

Im Diagonalschritt durchs Winterwunderland

Spurwechsel ohne Stockeinsatz
Diese Technik kommt beim Bergabfahren in der Spur zum Einsatz. Sprung-, Knie- und Hüftgelenke sind leicht gebeugt. Die Arme werden seitlich vor dem Körper gehalten und die Stockspitzen zeigen in der Luft nach hinten. Beim Wechsel von der linken in die rechte Spur wird zunächst der rechte Ski angehoben (Bild 1, S. 78), nach außen gedreht und in den Schnee gesetzt (Bild 2, S. 78). Direkt folgend steigt man auch mit dem linken Ski aus der Spur. In paralleler Skistellung fährt man schräg auf die neue Spur zu und fährt sogar mit den Skispitzen etwas über die Spur,

Spurwechsel

in die man steigen möchte (Bild 3, S. 79). Befindet sich die Skimitte über der Spur, setzt man zuerst den linken Ski und danach den rechten in die neue Spur (Bild 4+5, S. 79). Der Spurwechsel sollte in beide Richtungen geübt werden.

Spurwechsel mit Doppelstockeinsatz

Ist das Gelände flach bzw. die Geschwindigkeit gering und möchte man überholen, kann man dies etwas schwungvoller mit einem unterstützenden Doppelstockeinsatz tun. Der erste Doppelstockeinsatz erfolgt, wenn das innere Bein angehoben wird – man schiebt sich aus der Spur heraus. Ein zweiter Stockeinsatz erfolgt, wenn das »neue« innere Bein in der Spur steht und das äußere nachgesetzt wird – man schiebt sich in die neue Spur hinein.

Spurwechsel mit Doppelstockeinsatz (flaches Gelände)

Direkter Spurwechsel mit Doppelstockeinsatz (für Fortgeschrittene)

Diese Variante kommt bei höheren Geschwindigkeiten zum Einsatz. Der innere Ski wird angehoben und es erfolgt ein Doppelstockeinsatz (Bild 1). Man schiebt sich aus der Spur heraus. Der Ski setzt auf und gleitet ein Stück über die neue Spur hinweg (Bild 2). Man fährt einbeinig von der »alten« zur »neuen« Spur! Bei den anderen beiden Spurwechseln wurde beidbeinig gequert. Der äußere Ski wird in der Luft nachgezogen (Bild 2) und als erster in die neue Spur gesetzt (Bild 3).

Klassische Lauftechnik

Wenn man mit einigen Übungen aus dem Kapitel »Erste Schritte und Sicherheitstraining« begonnen und sich etwas an die Ski gewöhnt hat, kann man mit dem Techniktraining fortfahren. Natürlich auch dann, wenn noch nicht alle Übungen aus dem vorangegangenen Kapitel umsetzbar sind. Die Lernprozesse gestalten sich dynamisch. Koordination, Technik, Kraft und Ausdauer lassen sich gerade zu Beginn nicht gleichzeitig in vollem Maße trainieren. Man sollte immer wieder verschiedene Trainingsschwerpunkte setzen, z.B. seine Bremstechnik verfeinern und sein Gleichgewicht trainieren. Sich neue, kleine Herausforderungen zu suchen, z.B. einen steilen Anstieg im Diagonalschritt bewältigen, gestaltet das Training variabel und trägt zur stetigen Weiterentwicklung bei. Auch wer mit dem Techniktraining begonnen hat, sollte immer mal wieder auf die Basisübungen zurückgreifen, insbesondere wenn ungewohnte Schneebedingungen vorherrschen oder wenn Teiltechniken aus dem Bereich »Sicherheitstraining« noch nicht gefestigt sind.

Die klassische Lauftechnik ähnelt sehr der Gehbewegung: Wenn der rechte Arm vorschwingt, ist das linke Bein vorne und umgekehrt. Diese Kreuzkoordination findet sich auch auf den Langlaufski wieder. Da der diagonale Schritt der Gehbewegung aus dem Alltag ähnlich ist, kommen Anfänger recht schnell mit der klassischen Technik in der Loipe vorwärts. Wer also generell mit Skilanglauf beginnt, sollte mit der klassischen Lauftechnik starten, denn er kann auf einen bekannten Bewegungsrhythmus zurückgreifen. Später ist es dann weitaus einfacher, sich die wesentlich komplexere Skatingtechnik anzueignen, da sich schon ein gewisses »Skigefühl« entwickelt hat, so dass man sich voll auf die »alltagsfremde« Bewegungsform der Skatingtechnik konzentrieren kann.

Vorbereitende Übungen

Diagonalschritt ohne Stöcke
Hierzu sucht man sich flaches Gelände. In der Loipenspur geht man zunächst in kleinen Schritten vorwärts. Wichtig bei dieser Übung ist es, im Gleichgewicht zu bleiben und einen gleichmäßigen, diagonalen Bewegungsrhythmus zu finden.

Skilanglauf durch ursprüngliche Natur

Klassische Lauftechnik

Diagonalschritt – Stöcke auf halber Höhe gefasst

Diagonalschritt ohne Stöcke für Einsteiger und Skiwanderer (Ski bleibt in der Spur)

Armbewegung: Die Arme schwingen wie beim Gehen seitlich neben dem Körper mit. Hält man sie ruhig, wird die Bewegung steif und man kann sich nicht so gut ausbalancieren. Zudem sind die Arme für den Oberkörper richtungweisend. Eine gerade, lange Bewegung der Arme nach vorne und hinten stabilisiert den Oberkörper und hält ihn, im Gegensatz zur Ruderbewegung, ruhiger. Das Mitschwingen der Arme unterstützt einen flüssigen Bewegungsrhythmus.

Als Variante kann man die Stöcke auch auf halber Höhe greifen und locker neben dem Körper im Bewegungsrhythmus mitschwingen, wodurch man den Fokus auf die Armarbeit legen kann.

Der Oberkörper: Er ist durch eine Beugung in den Hüftgelenken leicht nach vorne geneigt. In dieser Position bleibt er während des Laufens ganz ruhig. Achten Sie darauf, die Schultern nicht hochgezogen zu halten; dies führt zu einem verkrampften Laufstil. Federn Sie beim Strecken des Beines nach hinten nicht ins Hohlkreuz, eine leicht angespannte Bauchmuskulatur verhindert dies.

Die Beinarbeit für Einsteiger: Anfänger und Skiwanderer halten den Ski während der Laufbewegung am Boden.

Beginnen Sie in der Lernphase zunächst mit langsamen Gehbewegungen. Fühlen Sie sich sicher und ausbalanciert auf dem Ski, dann verstärken Sie den Beinabstoß, um dem Ski einen Vorwärtsimpuls zu geben und ins Gleiten zu kommen. Dabei werden die einzelnen Schritte länger, und die Laufgeschwindigkeit erhöht sich. Bleiben Sie im Gleichgewicht und im diagonalen Bewegungsrhythmus – dies hat Vorrang vor der Laufgeschwindigkeit!

> **EXPERTENTIPP**
>
> Vorsicht: Vermeiden Sie unbedingt den Passgang! Beim Passgang werden das rechte Bein und der rechte Arm gleichzeitig nach vorne geführt, wodurch es zu einer Rotation des Oberkörpers und des Beckens kommt. Dies wirkt sich ungünstig auf die Kraftübertragung aus und man kann sich schlechter ausbalancieren.

Vorbereitende Übungen

Diagonalschritt ohne Stöcke für sportliche Einsteiger und Fortgeschrittene (Ski wird beim Auspendeln hinten angehoben)

Die Beinarbeit für sportliche Einsteiger und Fortgeschrittene: Das Bein wird nach der Abstoßphase schwungvoller nach hinten gestreckt, so dass das Skiende vom Boden abhebt.
Das Abheben des Skiendes verlängert den Schritt, und durch mehr Schwung und Dynamik wird man deutlich schneller. Aber dies stellt hohe Anforderungen an die Gleichgewichtsfähigkeit, da man immer wieder kurze Zeit einbeinig gleitet. Nehmen Sie sich als Ziel, bei zügigem Lauftempo möglichst lange auf dem Standbein zu gleiten, ohne dass Ihnen dabei Geschwindigkeit oder Schwung verloren gehen. Denn nur bei langen, schwungvollen Schritten wird die Gleitfähigkeit des Skis optimal ausgenutzt. Wenn nach den ersten Schritten ein rhythmischer, dynamischer Bewegungsfluss entstanden ist, versuchen Sie den Beinabstoß noch etwas zu forcieren und möglichst früh Druck auf das »neue« Abstoßbein auszuüben. Hier nochmal eine detaillierte Bilderreihe von der Abdruckphase: Das rechte Bein wird im Laufen von hinten unter den Körperschwerpunkt geführt (Bild 1, S. 88), in diesem Moment wird viel Druck auf den linken Ski gebracht, was nur mit einer deutlichen Beugung im Kniegelenk kraftvoll möglich ist. Mit Hilfe der Steigzone die man dabei fest in den Schnee drückt,

Klassische Lauftechnik

> **EXPERTENTIPP**
>
> Wenn Sie im flachen Gelände gut zurecht kommen, üben Sie an Anstiegen! Am Berg zeigt sich, wie gut Ihr Beinabdruck wirklich ist. Kleine Fehler werden sofort mit einem Durchrutschen des Skis bestraft. Achten Sie darauf, dass der Oberkörper nicht nach vorne geneigt ist, er bleibt in Anstiegen vermehrt aufrecht.

Das Laufen ohne Stöcke ist ein essentieller Bestandteil des Techniktrainings. Es zeigt direkt Schwächen auf und bietet die Möglichkeit, sehr konzentriert am Abdruck zu arbeiten. Auch Profis laufen im Training immer wieder ohne Stöcke, um ihre Technik zu perfektionieren. Wer gelegentlich ohne Stöcke übt, trainiert auf die beste Art und Weise die dynamische Gleichgewichtsfähigkeit, welche beim Skilanglauf von zentraler Bedeutung ist.

Rollerfahren

Eine Übung, die speziell den Beinabstoß trainiert, ist das »Rollerfahren« in der Spur. Der Bewegungsrhythmus ist dabei ein anderer: Die Schrittabfolge ist nicht diagonal, sondern einseitig, so wie beim Tretrollerfahren.
Armbewegung: Wenn Sie sich mit dem rechten Bein abstoßen, pendelt im gleichen Moment der rechte Arm nach vorne und der linke nach hinten. Das rechte Bein schwingt unter den Körperschwerpunkt zurück, die Arme werden auf Hüfthöhe zurückgeschwungen und abgebremst. Es erfolgt ein erneuter Abstoß mit rechts, so dass der rechte Arm von der Hüfte ab wieder nach vorne schwingen muss. Die Arme schwingen also nicht komplett von vorne nach hinten durch, sondern werden auf Hüfthöhe gebremst und wieder in die andere Richtung zurückbewegt, da sich auch immer nur mit einem Bein abgestoßen wird.

Abdruckphase beim Diagonalschritt

stößt man sich nach vorne ab (Bild 2 und 3). Das Abstoßbein wird gestreckt (Bild 3) und pendelt anschließend wieder locker unter den Körperschwerpunkt.
Ein möglichst früher, kräftiger Abstoß ist wichtig. Ein Abdruck, der hinter dem Körperschwerpunkt – also zu spät – erfolgt, drückt die Steigzone nicht komplett in den Schnee und der Ski rutscht nach hinten durch mit der Folge, dass keinerlei Vortrieb erzielt wird.

Diagonalschritt

Der Oberkörper: Die Hüftgelenke sind leicht gebeugt, der Oberkörper ist somit leicht nach vorn geneigt. Er bleibt während der gesamten Übung in einer ruhigen Position. Vermeiden Sie eine Rotation im Oberkörper und neigen Sie ihn nicht zu stark nach vorne!

Die Beinarbeit: Im flachen oder leicht fallenden Gelände stoßen Sie sich nur mit einem Bein ab. Konzentrieren Sie sich zunächst auf Ihr rechtes Bein, mit welchem Sie sich Schritt für Schritt abstoßen. Das linke Bein bleibt passiv, es gleitet bewegungslos in der Spur mit.

Wenn Sie mit rechts geübt haben, führen Sie die Übung auch mit links durch! Bei dieser Übung können Sie sich ganz auf einen Beinabstoß konzentrieren. Sie sind hierbei geradezu gezwungen, sich kräftig abzustoßen, um in Bewegung bzw. im Gleiten zu bleiben.

Zugphase (linker Arm)

Übergang von Zug- in Schubphase

Diagonalschritt

Diagonalschritt in der Ebene und in leicht ansteigendem Gelände

Wer seinen Rhythmus beim Laufen ohne Stöcke gefunden hat und damit etwas Gleichgewichtstraining absolviert hat, dem wird der folgende Schritt nicht schwerfallen.

Der Stockeinsatz: Nun kommen die Stöcke hinzu. Sie sorgen für zusätzlichen Vortrieb, aber auch für Halt, denn der eingesetzte Stock hat kurzzeitig eine stützende Wirkung. Die Arme werden fast durchgestreckt neben dem Körper nach vorne und nach hinten geschwungen. Die Stockspitze wird bei der Abstoßphase etwa 10 bis 15 Zentimeter neben der Spur, auf der Höhe der Skibindung, in den Schnee eingestochen (Bild 1).

Der Stock wird immer schräg in den Schnee eingestochen. Schaut man von der Seite und bildet am Stock eine vertikale Linie, ist

Schubphase

Auspendeln

der Griff immer etwas weiter vorne als die Stockspitze (Bild 1, S. 89). Ein vertikaler (= senkrechter) Stockeinsatz ergibt ungünstige Hebel- und Kraftverhältnisse mit der Folge, dass über die Stöcke kein nennenswerter Vortrieb erzeugt werden kann. Die Stockarbeit lässt sich in eine Zug- und eine Schubphase unterteilen. Im Moment des Einstichs »zieht« man sich nach vorne bzw. vorne-oben (Bild 1, S. 89). Achten Sie darauf, dass der Arm während der ganzen Bewegung fast gestreckt bleibt! Nähert sich die Hand des eingesetzten Stocks der Hüfte, geht die Zug- in eine Schubphase über (Bild 2, S. 89). Ab der Hüfte »schiebt« man sich am Stock vorbei nach vorne. Nur auf diese Weise erzeugen Arm-, Schulter- und Rückenmuskulatur eine effektive Vortriebsarbeit.

Achten Sie darauf, dass Sie die Stöcke – von vorne betrachtet – gerade führen! Die Griffe sollen nicht nach innen oder außen kippen, die Stöcke werden – gleich in welcher Phase der Bewegung – schulterbreit geführt.

Der Stock soll an der Hüfte vorbeipendeln (Bilder 3+4, S. 89). Dies trägt dazu bei, dass sich die Schritte verlängern, denn man überträgt den dabei erzeugten Schwung auf die Ski. Die Hand wird beim Auspendeln des Stocks leicht geöffnet, beim Vorschwingen umschließt sie den Griff wieder. Das Öffnen der Hand bringt Entlastung und auch Schwung, es ist ein Zeichen dafür, das Arm-, Schulter- und Rückenmuskulatur nicht unter Dauerspannung stehen. Hält man den Griff dauerhaft krampfartig fest, kann dies zu Verspannungen führen, und die Gesamtbewegung wirkt durch verkürzte Gleitphasen stockend und nicht mehr flüssig.

Die Beinarbeit: Wie schon bei der Übungsform ohne Stöcke beschrieben, stößt man sich wechselseitig mit dem rechten und dem linken Bein kraftvoll nach vorne ab.

Anfänger und Skiwanderer halten den Ski beim Laufen flach in der Spur; dies ist weniger anstrengend, und man wird nicht so schnell, so dass gerade Anfänger keine Angst vor einem Kontrollverlust haben müssen. Auf diese Weise kann man aber auch kraftsparender über längere Zeit laufen und dabei größere Distanzen zurücklegen. Sollte der Ski einmal nach hinten wegrutschen, richten Sie Ihren Oberkörper etwas mehr auf und machen Sie gegebenenfalls kürzere Schritte. Wenn Sie wieder eine gute Haftung spüren, gehen Sie in längere Schritte bzw. Gleitphasen über.

Diagonalschritt in stark ansteigendem Gelände

Der Bewegungsrhythmus bleibt auch im steileren Gelände unverändert. Allerdings werden mit zunehmender Steilheit die Schritte kürzer und der Beinabstoß deutlich kraftvoller.

Der Stockeinsatz: Der Stock wird etwas weiter hinten eingesetzt. Die Armarbeit ist insgesamt weniger schwungvoll, damit kürzer und an den verkürzten Schritt angepasst. Die Hand öffnet sich leicht, wird aber nicht ganz so weit nach hinten ausgeschwungen.

Der Oberkörper: Das Hüftgelenk ist beim Schritt nach vorne nur minimal gebeugt, der Oberkörper wird insgesamt etwas aufrechter gehalten.

Die Beinarbeit: Von ihr hängt am Berg fast alles ab. Der Abdruck muss direkt unter dem Körperschwerpunkt erfolgen. Deshalb ist es notwendig, aufrechter und kraftvoller zu laufen. Man kann den Abdruck verstärken, in-

> **KURZ UND KNAPP**
>
> Machen Sie sich lang! Denken Sie an den diagonalen Rhythmus: Bein- und Armarbeit müssen aufeinander abgestimmt sein!

Doppelstock

dem man etwas mehr in den Kniegelenken federt, so als wolle man vom Boden nach oben abspringen. Der Schritt ist verkürzt, weil man bei einem langen Schritt Schwung bzw. Geschwindigkeit verliert. Bei großen Schritten besteht zudem die Gefahr, dass der Abdruck zu spät (= hinter dem Körperschwerpunkt) erfolgt und damit die Steigzone nicht richtig greifen kann – der Ski rutscht durch.

Doppelstock

Der Doppelstock ist eine leicht zu lernende Teiltechnik der klassischen Laufdisziplin. Er wird vor allem in fallendem und flachem Gelände eingesetzt. Dabei erzeugt man allein über den Stockeinsatz Vortrieb.

Der Stockeinsatz: Er erfolgt immer parallel, also beide Stöcke werden gleichzeitig eingesetzt. Beide Stockspitzen stechen in etwa auf der Höhe der Bindung in den Schnee und zeigen dabei nach hinten. Darauf folgt die oben schon beschriebene Zug- und Schubphase,

Diagonalschritt in stark ansteigendem Gelände: verkürzter Schritt mit kräftig-federndem Beinabstoß

Der Moment des Stockeinsatzes

Klassische Lauftechnik

welche bestmögliche Kraftübertragung und Vortrieb garantiert.
In der aufrechten Schussfahrt kommen beide Arme nach vorne (Bild 1), die Hüftgelenke werden gebeugt und die Stöcke stechen in den Schnee. In der Phase des Einstechens sind die Ellenbogen gebeugt (Bild 2). Die Arme werden locker nach hinten geschwungen und gestreckt, und die Hände öffnen sich (Bild 3+4). In der tiefsten Position sind die Hände etwa auf Kniehöhe (Bild 3). Achten Sie darauf, die Hände beim Vorschwingen nicht höher als Augenhöhe anzuheben!
Der Oberkörper: Der Oberkörper bewegt sich bei der Doppelstocktechnik sehr viel. Der Doppelstock beginnt in gestreckter, aufrechter Position (Bild 1), und in der Schubphase beugt sich der Oberkörper so weit nach vorne, dass ein etwa 90-Grad-Winkel zu den Beinen entsteht (Bild 3). Direkt nach dem Abstoß richtet er sich wieder komplett auf (Bild 4+1).
Die Beine: Die Beine bleiben passiv, die Kniegelenke sind ganz leicht gebeugt. Die »Beinarbeit« besteht aus reinen Gleitphasen; man gleitet parallel auf den Ski stehend durch die Spur.

> **KURZ UND KNAPP**
>
> Diagonalschritt und Doppelstock bilden die beiden Grundtechniken des klassischen Skilanglaufs. Mit diesen Basistechniken sowie den Brems- und Kurventechniken kommen Sie in jeder Loipe gut zurecht bzw. können damit alle Geländeformen – ob flach, bergauf oder bergab – bewältigen.

Doppelstock-Technik

Doppelstock mit Zwischenschritt (für Fortgeschrittene)

Diese Technik kombiniert den Diagonalschritt mit der Doppelstocktechnik. Elemente aus beiden Techniken kommen dabei zusammen, was diese koordinativ noch anspruchsvoller macht. Der Doppelstockschub wird durch einen Beinabstoß ergänzt.
Sie stellt eine Übergangstechnik dar, welche zwischen Doppelstock (eher fallendes Gelände) und Diagonalschritt (flaches und ansteigendes Gelände) angewendet wird. Wenn die Armkraft beim reinen Doppelstock nicht

Doppelstock mit Zwischenschritt

mehr ausreicht, um schwungvoll weiter zu laufen, kann man den Doppelstockschub zunächst durch den Zwischenschritt ergänzen, um den Geschwindigkeitsverlust möglichst gering zu halten. Steigt das Gelände dann weiter an, geht man nach einigen Schüben mit Zwischenschritt schließlich in die Diagonaltechnik über. Man kann den Doppelstock mit Zwischenschritt auch als Beschleunigungstechnik aus dem Diagonalschritt heraus anwenden, wenn das Gelände nach einer flachen Passage leicht abfällt. Steigt die Geschwindigkeit weiter, lässt man den Zwischenschritt aus und geht in die reine Doppelstocktechnik über.

Der Stockeinsatz: Er erfolgt auf die gleiche Weise wie beim reinen Doppelstock. Die Stockspitzen werden zu gleicher Zeit auf Höhe der Bindung schräg eingesetzt. Die Arme sind parallel, fast durchgestreckt und nur in der Phase des Stockeinsatzes leicht gebeugt. Schwingen die Arme nach hinten aus, ist der Oberkörper fast waagrecht und die Hände passieren etwa auf Kniehöhe den Körper (Bild 5, S. 93). Die Hände werden beim Ausschwingen geöffnet und beim Vorschwingen wieder um den Griff geschlossen.

Der Oberkörper: Wie beim reinen Doppelstock bewegt er sich zwischen einer fast aufrechten Position (Bild 1+6, S. 93) und einer fast waagrechten, gebeugten Position (Bild 5, S. 93). Man lässt sich regelrecht nach vorne in die Stöcke »fallen« (Bild 4, S. 93). Wer nur aufrecht schiebt, kann den Schub nach vorne mit der Oberkörperkraft nicht wirkungsvoll unterstützen!

Die Beinarbeit: Ein Bein bleibt als Gleitbein passiv der Spur. Das andere stößt sich ab und schwingt nach hinten durch. Abstoß- und Gleitbein wechseln nach jedem Schritt; hat man sich erst mit rechts abgestoßen, erfolgt beim nächsten Schritt ein Abstoß mit links.

Betrachtet man das Timing von Arm- und Beinarbeit, so ist zu beachten: Zeitgleich schwingen die Arme nach vorne und das Abstoßbein nach hinten (Bild 2+3, S. 93) die Stöcke und das Abstoßbein sind in der Luft. Man gleitet auf einem Bein (Bild 3, S. 93)! Die Stöcke setzen ein und schwingen nach hinten. Im gleichen Moment wird das Abstoßbein unter den Körperschwerpunkt geführt (Bild 4+5, S. 93). Das Abstoßbein wird dabei auf gleicher Höhe zum Gleitbein gebracht (Bild 5, S. 93). Erst an dieser Stelle setzt der Ski wieder voll in der Spur auf. Es ist darauf zu achten, dass der Ski nicht hinter dem Körperschwerpunkt in die Spur »klatscht«! Ist der Stockabstoß erfolgt, gleitet man parallel auf beiden Beinen durch die Spur (Bild 5+6, S. 93). Erst wenn die Arme von hinten wieder nach vorne an der Hüfte vorbeischwingen, wird auch das Abstoßbein wieder aktiviert (Bild 1, S. 93).

Grätenschritt

Der Grätenschritt wird an sehr steilen Anstiegen angewandt, wenn man im Diagonalschritt keinen Halt mehr findet und der Ski nach hinten wegrutscht, obwohl man sehr aufrecht und mit kräftigem Bein- und Armabstoß arbeitet. Dann steigt man aus der Diagonalspur heraus. Der Grätenschritt hat keine Gleitphasen, man »geht« mit den Ski. Die Skispitzen werden weit ausgeschert, die Ski somit »V«-förmig aufgefächert. Man steht auf den Innenkanten der Langlaufski. Auf diese Weise steigt man den Anstieg hinauf. Schritt für Schritt setzt man den weit nach außen gedrehten Ski nach vorne und übersteigt dabei jeweils ein Skiende.

Benannt ist diese Technik nach dem Spurbild, welches Fischgräten ähnelt.

Abfahrtstechnik

Grätenschritt

Die Bein- und Stockarbeit erfolgt diagonal. Der Stock sticht seitlich hinter dem Ski ein. Er wird schräg eingesetzt, und die Stockspitzen dürfen, von vorne betrachtet, etwas nach außen zeigen. Die Hand wird am Ende der Abstoßphase leicht geöffnet. Die Arme schwingen nicht so weit nach vorne und nach hinten wie bei den anderen Lauftechniken. Das Standbein bleibt leicht gebeugt und das Bein, welches den Schritt nach vorne setzt, wird verstärkt gebeugt um den Ski nach vorne-oben setzen zu können und um sich dann kraftvoll abstoßen zu können.

Diese Schritttechnik ist sehr kraftsparend. Neben dem Grätenschritt können Sie in sehr steilem Gelände auch den Treppenschritt aus dem Kapitel »Erste Schritte und Sicherheitstraining« anwenden.

Abfahrtstechnik

Für den Fall, dass man nicht bremsen muss und keine engeren Kurven zu bewältigen hat, folgt nun eine Anleitung zur geraden, ungebremsten Abfahrtshaltung.

Ist die Geschwindigkeit in abfallendem Gelände so hoch, dass man mit der aktiven Armarbeit keinen nennenswerten Antrieb mehr zusätzlich erzeugen kann, nimmt man die Position der Abfahrtshocke ein. Man kann aber auch schon in leichtem Gefälle die Doppelstockarbeit einstellen, weil man vielleicht gar nicht schneller werden möchte. Auf diese Weise kann man in einer leicht vorgeneigten Position durch die Spur gleiten. In der Abfahrtshocke kann man sich gut erholen und die Fahrt in einer sicheren Position genießen. Die Hüft- und Kniegelenke sind deutlich gebeugt, die Ski laufen parallel. Der Blick ist nach vorne gerichtet; die Stöcke werden zwischen Oberarmen und Oberkörper nach hinten zeigend eingeklemmt.

Man kann dabei zwischen einer **tiefen Abfahrtshocke** (1. Läufer im Bild) und einer **halben Abfahrtshocke** (2. Läufer) unterscheiden. Für Anfänger und Skiwanderer empfiehlt sich die halbe Abfahrtshocke, für Fortgeschrittene sind beide Varianten geeignet. Bei der tiefen Hocke verrichten die Oberschenkel eine deutlich spürbare Haltearbeit, was bei Untrainierten oftmals die Erholung beeinträchtigt. Der

Tiefe und halbe Abfahrtshocke

Klassische Lauftechnik

> **EXPERTENTIPP**
>
> Bei der halben Abfahrtshocke nimmt man eine sehr vorteilhafte Position ein: Sie ist leicht aerodynamisch, stabil und schützt vor Gleichgewichtsverlust. Man kann aus dieser Position heraus schnell reagieren, wenn z.B. ein unerwartetes Hindernis auftaucht. Belastungswechsel, Richtungsänderungen oder Bremsmanöver können sehr schnell eingeleitet werden, ohne aus der Balance zu kommen. Aus der tiefen Abfahrtshocke muss man sich erst etwas aufrichten, um z.B. aus der Spur heraus steigen zu können. Nicht in aufrechter, gestreckter Position bergab fahren, da man in dieser Position bei kleinen Bodenwellen, unerwarteten Eisplatten oder ähnlich Unvorhergesehenem schnell das Gleichgewicht verlieren kann! Achten Sie darauf, die Stöcke eng am Körper zu halten und rudern Sie damit nicht durch die Luft! Seitlich ausgestreckte Stöcke stellen ein Hindernis und eine Gefahr für überholende Läufer dar!

Vorteil der tiefen Abfahrtshocke ist die aerodynamische Körperhaltung, die für hohe Geschwindigkeiten sorgt. Man kann sich sogar kurze Zeit über die Ellenbogen auf den Knien abstützen, aber Vorsicht bei Wellen und Kurven: Schlagen Sie sich nicht die Griffe ans Kinn! Bei Bodenunebenheiten ist es besser, sich nicht auf den Knien abzustützen.

Technikwechsel

Der Übergang von einer Technikform in die andere gestaltet sich beim klassischen Laufstil recht leicht. Während des Gleitens stimmt man die Arm- und Beinbewegungen aufeinander ab. Besonders leicht zu wechseln ist zwischen dem Doppelstock und dem Doppelstock mit Zwischenschritt – man läuft mit oder ohne Beineinsatz. Dies lässt sich ohne Geschwindigkeitsverlust vom einen auf den nächsten Schritt regulieren, ohne dass der Bewegungsfluss darunter leidet.

Beim Wechsel vom Diagonalschritt in die Doppelstocktechnik wird während des Laufens ein Stockeinsatz ausgesetzt. Der Arm, der als nächster den Stock einsetzen würde, wird vor dem Körper gehalten, bis der zweite

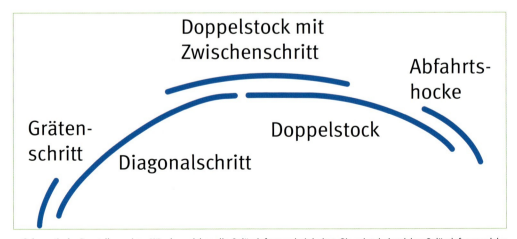

Schematische Darstellung eines Hügels, welcher alle Geländeformen beinhaltet. Sie zeigt, bei welcher Geländeform welche Teiltechnik gelaufen wird bzw. gelaufen werden kann.

Arm ebenfalls vor den Körper geschwungen ist. Im folgenden Armzug werden nun beide Stöcke parallel eingesetzt. Das Abstoßbein wird unter den Körperschwerpunkt geführt und die Beinarbeit eingestellt.
Beim Wechsel vom Doppelstock in den Diagonalschritt wird nach dem Stockabstoß nur ein Arm nach vorne geschwungen. Der andere wird für einen kurzen Augenblick etwa auf Höhe des Gesäßes gehalten. Schwingt z.B. der rechte Arm vor, stößt sich in dem Moment auch das rechte Bein ab. Nachdem der Stockeinsatz rechts erfolgt ist, schwingt auch der linke Arm vor, und man befindet sich im diagonalen Laufrhythmus.

Wann wende ich welche Teiltechnik an?

Diese Frage lässt sich nicht so explizit beantworten, wie sich das so manch ein Anfänger wünschen würde, denn hier spielen viele Faktoren eine Rolle: In welchem Gelände befinde ich mich? Wie sind die Kondition und Tagesform? Wie gut können die Lauftechniken umgesetzt werden? Wie sind die Schnee- und Temperaturbedingungen? Wie gut sind meine Ski präpariert?
Ein Beispiel: Wenn die Spur eisig und somit schnell ist, kann man in leicht steigendem Gelände gut den Doppelstock mit Zwischenschritt laufen. Fällt dagegen trockener und stumpfer Neuschnee, sind die Bedingungen sehr langsam und der Doppelstock mit Zwischenschritt lässt sich nur in leicht fallendem Gelände gut laufen, weil er in steigendem Gelände in der Regel zu viel Kraft kosten würde. Die Grafik auf S. 96 gibt einen Überblick, welche Technik man, angepasst an das Gelände, wählen sollte bzw. wählen kann. Wie angedeutet, gibt es gerade bei Geländeübergängen Überschneidungen bzw. Wahlmöglichkeiten, die v.a. vom unterschiedlichen Können und von den Schneebedingungen abhängig sind.
Zur groben Orientierung folgende Übersicht:
- der **Grätenschritt** für sehr steiles Gelände, wenn man mit dem Diagonalschritt keinen Halt findet
- der **Diagonalschritt** als Basistechnik für ansteigendes und flaches Gelände
- der **Doppelstock mit Zwischenschritt** vorrangig für **flaches Gelände,** aber auch an leichten Anstiegen und Abfahrten umsetzbar
- der **Doppelstock** als Basistechnik für fallende Geländepassagen
- die **Abfahrtshocke** findet in deutlich **fallendem Gelände** Anwendung

Nordic Cruising

Nordic Cruising kann schlicht mit »Skiwandern« in der Loipe übersetzt werden. Als Nordic Cruising aufkam, war es auch gedacht, um abseits der Loipe durch ungespurtes Gelände laufen zu können. Doch dies funktioniert nur begrenzt. Die Praxis hat gezeigt, dass die Nordic-Cruising-Modelle in aller Regel doch in der Loipe gelaufen werden. Trotz der Tatsache, dass das Material nicht ganz so »offpisten«-tauglich ist, ist die Nordic-Cruising-Ausrüstung für Anfänger und Skiwanderer, die sich in gespurter Loipe bewegen, ideal: Die kurzen und

> **KURZ UND KNAPP**
>
> Generell gilt immer: Hören Sie auf Ihren Körper! Laufen Sie die Technik, mit der Sie sich wohlfühlen und vermeiden Sie dauerhafte Überlastung!

Klassische Lauftechnik

Mit den Langlaufskiern durch die Loipe cruisen.

breiten Ski erleichtern den Einstieg und sind im Handling unkompliziert. Kleine Abstecher in nicht allzu tiefen, unpräparierten Schnee sind damit trotzdem möglich. Dies sorgt für Abwechslung und trainiert die Gleichgewichtsfähigkeit und das Skigefühl. Nordic Cruising ist eher ein Gehen denn ein Laufen auf Skiern; es kommen meist nur kurze Gleitphasen zustande.

Offtrack Cruising/Backcountry

Dieser neue Trend des nordischen Skilaufs ist eine Weiterentwicklung des Nordic Cruisings. Hierbei geht man »wirklich« abseits der Piste. Neues Material wurde speziell für das Langlaufen fern von Loipen entwickelt. Das Offtrack Cruising ähnelt dem Skitourengehen, allerdings ist es natürlich nicht für hochalpines Gelände geeignet. Diese Art des Langlaufens ist in den skandinavischen Ländern sehr beliebt. Einige Zentimeter Schnee reichen bereits aus, und man kann auch dort Langlaufen, wo keine Loipen in Reichweite sind.

Die Ski sind noch etwas breiter als die Nordic Cruiser; ihre spezielle Konstruktion bewirkt einen besseren »Aufschwimmeffekt«, wodurch sich das Gleitverhalten in tiefem Schnee verbessert und der Ski in unpräpariertem Gelände leichter zu manövrieren ist. Skating ist in unpräpariertem Schnee in der Regel nicht möglich. Man bleibt dabei schnell mit der Schaufel stecken, was bei harschigem Schnee zu Stürzen führen kann. Bei jedem Schritt muss der Ski höher gehoben werden, als es in der Loipe der Fall ist, was auf Dauer sehr kraftraubend ist. Wer in der Skatingtechnik laufen möchte, sollte sich auf präparierten Loipen bewegen!

> **KURZ UND KNAPP**
>
> Nordic Cruising steht für gemütliches und genussvolles Skiwandern. Es dient dazu Frischluft zu tanken, die Natur zu genießen, um zu entspannen und den Fettstoffwechsel zu aktivieren.

Offtrack Cruising/Backcountry

Absolute Einsamkeit und Stille, mit Rucksack ohne Hektik von Hütte zu Hütte wandern, sich grenzenlos frei zu fühlen und Natur pur zu erleben – das ist Offtrack Cruising ...

Mit Offtrack-Cruisern durch feinsten Pulverschnee

Skating

Skating ist eine relativ junge Langlauf-Disziplin, die in Frühformen bereits in den 1970er-Jahren – Pauli Siitonen, Bill Koch – praktiziert wurde; seit 1985 steht Skating bei internationalen Wettkämpfen (Worldcup) auf dem Programm. Die Skatingtechnik ist in ihrer Bewegung deutlich komplexer als der klassische Laufstil, was sie zu einer sportlichen Herausforderung macht. Gemütliches Gehen und Schlendern ist kaum möglich, da Skating konditionell anspruchsvoller ist und nicht an geläufige Alltagsbewegungen anknüpft. Aber immer mehr Langläufer und auch Einsteiger eignen sie sich an, da sie eine faszinierende Wirkung hat: Man erzielt deutlich höhere Geschwindigkeiten als bei der klassischen Lauftechnik – 30 km/h in flachem und bis zu 70 km/h in fallendem Gelände sind möglich! Die besonders langen Gleitphasen erfordern Körperbeherrschung, technisches Können und Skigefühl. Dennoch kann man auch als Langlauf-Einsteiger mit Skating beginnen! Der Skatingski besitzt keine Steigzone, mit der man sich – wie beim Klassikski – abstoßen könnte. Vortrieb aus den Beinen wird nur über die Skikanten erzeugt, hinzu kommt ein in der Regel parallel erfolgender Stockeinsatz.

Vorbereitende Übungen

Bevor mit dem Techniktraining begonnen wird, sollte man einige Übungen aus dem Kapitel »Erste Schritte und Sicherheitstraining« absolviert haben. Wie bei der Skigewöhnung zur klassischen Technik schon erwähnt, sind in der Lernphase Übungen für die Gleichgewichtsfähigkeit von zentraler Bedeutung. Deshalb werden auch hier wieder einige Übungen ohne Stöcke vorangestellt. Ziel dieser vorbereitenden Übungen ist es, ein Gefühl für den Abstoß von der Skikante zu entwickeln, sich auszubalancieren und in rhythmisches Gleiten zu kommen.

Halbschlittschuhschritt

Der Halbschlittschuhschritt trainiert den Beinabstoß. Dieser wird zunächst isoliert nur mit einem Bein geübt. In flachem Gelände steigt man ohne Stöcke in die gespurte Loipe.
Arme und Oberkörper: Die Arme hängen locker neben dem Körper und bleiben bei dieser Übung passiv; auch der Oberkörper bleibt ruhig in leicht vorgeneigter Position.

Halbschlittschuhschritt

Skating

Die Beinarbeit: Sie erfolgt einseitig. Man übt zuerst mit rechts und anschließend auch mit links. Der rechte Ski wird ausgestellt und nach außen gedreht, der linke bleibt in der Spur. Die Ski bilden in der Ausgangsstellung ein halbes »V«. Das rechte Bein dient als Abstoßbein, welches das Gleitbein, in der linken Spur stehend, Schritt für Schritt vorwärts schiebt. Der rechte Ski zeigt bei dieser Übung – in der Abstoßphase und auch beim Nachsetzen in der Luft – konsequent nach außen. Gehen Sie leicht in die Knie wenn Sie das Abstoßbein aufsetzen und strecken Sie die Beine wieder, wenn Sie sich vom Schnee abstoßen! Versuchen Sie, das Gleitbein in Fahrt zu halten.

Schlittschuhschritt

Vom Bewegungsablauf her gleicht dieser Schritt dem Eisschnelllauf. Er wird ohne Stockeinsatz in flachem und abfallendem Gelände gelaufen. Man skatet mit beiden Beinen, ähnlich dem Inline-Skaten. Die Ausgangsstellung sind »V«-förmig ausgestellte Ski, die Skispitzen zeigen permanent nach außen. Die Skienden sind eng zusammen bzw. werden bei jedem Schritt voreinander gesetzt.

Bewegung der Arme: Die Arme schwingen aktiv im diagonalen Rhythmus über das Gleitbein nach vorne und an der Hüfte vorbei nach hinten. Die Arme sind gestreckt oder leicht gebeugt, die Hände geöffnet.

Der Oberkörper: Er ist leicht nach vorne geneigt und bleibt in dieser Lage ruhig ohne zu wippen. Die Schulterpartie rotiert leicht durch die diagonale, schwungvolle Bewegung der Arme. Achten Sie darauf, nicht zu stark im Oberkörper zu rotieren, er bleibt insgesamt immer gerade nach vorne ausgerichtet.

Die Beinarbeit: Der Beinabstoß erfolgt wechselseitig, aus dem Abstoßbein wird Gleitbein und umgekehrt. Im Moment des Abstoßens wird der Ski auf die Innenkante gestellt und das Bein gestreckt. Der Ski des Gleitbeins liegt flach auf dem Schnee.

Bei diesem Läufer ist gut zu sehen, dass das rechte Bein als Abstoßbein fungiert hat. Das linke Bein ist das Gleitbein. Die Arme schwingen aktiv mit.

EXPERTENTIPP

Sollte dies zu Beginn noch schwer fallen, üben Sie zunächst das beidbeinige Skaten ohne aktive Armbewegung. Lassen Sie die Arme dann einfach passiv hängen; wenn Sie die Arme nicht krampfhaft halten, pendeln sie im Rhythmus locker mit. Aber Vorsicht: Rudern Sie nicht mit den Armen, das verkürzt die Gleitphasen und bringt Sie noch mehr aus dem Gleichgewicht bzw. Rhythmus! Konzentrieren Sie sich zuerst darauf, dass Abstoß- und Gleitbein rhythmisch in einer fließenden Bewegung bleiben. Am besten lässt sich dies in leicht fallendem oder flachem Gelände üben.

Brustschwimmen

Eine gute Übung, um an den Gleitphasen bzw. am dynamischen Gleichgewicht zu arbeiten, stellt das »Brustschwimmen« auf Ski dar; zudem lässt sich dabei auch sehr gut an der Grundstellung auf dem Gleitbein arbeiten. Um die Gleitfähigkeit des Langlaufskis bestmöglich auszunutzen, muss man während der Fahrt das Gleitbein mit dem gesamten Körpergewicht belasten und dies für einen Moment ausbalancieren. Dies ist nur möglich, wenn sich Ski, Fuß, Knie und Kopf auf einer senkrechten Linie befinden (Bild).
Knie und Kopf zeigen in Fahrtrichtung des Skis! Die rote Linie verdeutlicht diese Stellung vom Kopf bis zum Ski. Das Körpergewicht ist komplett auf den rechten Ski (Bild) verlagert, nur so ist langes Gleiten möglich. Die blaue Linie zeigt, dass sich die Arme direkt über dem Ski befinden, was für diese Übung wichtig ist. Üben Sie in flachem bis leicht fallendem Gelände!

Die Bewegung der Arme: Auf dem Gleitbein stehend, werden die Arme auf Brusthöhe gestreckt nach vorne über den Ski geführt. Das »neue« Gleitbein pendelt unter den Körperschwerpunkt zurück und die Arme werden kreisförmig zum Brustkorb zurückbewegt (Bild 1, S. 106). Es folgt der Belastungswechsel auf das andere Bein. Das »neue« Gleitbein setzt auf und die Arme strecken sich über diesem Ski nach vorne (Bild 2, S. 106). Bei jedem Schritt wird über dem Ski ein Brustschwimmschlag ausgeführt.

Der Oberkörper: Er bleibt leicht vorgeneigt, gerade und wird beim Laufen ein wenig nach rechts und links über das jeweilige Gleitbein verlagert. Der Oberkörper rotiert nicht! Das würde ein Ausweichen der Hüfte zur Folge haben, womit der Ski nicht optimal belastet wird und sich die Gleitphasen verkürzen.

Kopf, Knie und Ski befinden sich in der Gleitphase auf einer Linie (rot)

Skating

Phase des Belastungswechsels: Die Linie über dem linken Ski wird aufgegeben, rechts wird »neues« Gleitbein.

Gleiten auf rechts: Linkes Bein stößt sich ab, Arme werden nach vorne geführt.

Die Beinarbeit: Wechselseitig stoßen sich rechtes und linkes Bein vom Schnee ab. Abstoß- und Gleitbein wechseln innerhalb eines Schrittes. Beim Abstoßen erfolgt eine Beinstreckung, beim Aufsetzen des Gleitbeins werden die Beine gebeugt. Über die Beuge- und Streckbewegung lässt sich die Geschwindigkeit regulieren, je kraftvoller und explosiver der Abstoß, desto schneller. Bleiben Sie zu Beginn in einem ruhigen Tempo und konzentrieren Sie sich darauf, Arm- und Beinbewegung aufeinander abzustimmen. Denken Sie an die rote und blaue Line beim Vorstrecken der Arme!
Als Variation können Sie auf einem Bein gleitend einen Brustschlag nach vorne ausführen; kommt das andere Bein zum Einsatz, klatschen Sie die Hände hinter dem Rücken zusammen. Die Schritte müssen entsprechend lang sein, da man Zeit benötigt um die Arme innerhalb eines Schrittes von ganz vorne nach ganz hinten zu führen.

Skating ohne Stöcke

Hierbei schwingen die Arme parallel mit. Diese Übung imitiert den Stockeinsatz, jedoch liegt die Konzentration immer noch auf der Beinarbeit, dem Festigen des Laufrhythmus' und der Balance. Üben Sie dies in flachem Gelände!
Bewegung der Arme: Der Bewegungsrhythmus entspricht dem der 2:1-Technik mit aktivem Armschwung (2 Schritte – 1 Stockeinsatz). Die Arme schwingen beim ersten Schritt vor; beim zweiten zurück, beim dritten wieder vor usw. Setzt das rechte Bein auf, schwingen die Arme gestreckt bis auf Brusthöhe vor; stößt man sich mit rechts ab und gleitet auf links, schwingen die Arme nach hinten. Üben Sie dies auch im umgekehrten Rhythmus »links vor – rechts zurück«, wie es rechts in der Bilderreihe zu sehen ist. Beim Belastungswechsel schwingen die Arme an der Hüfte vorbei (Bild 2, rechts). Die Hände bleiben geöffnet, dabei schwingen die Arme locker und verkrampfen nicht.

Vorbereitende Übungen

Skating ohne Stöcke mit aktivem Armeinsatz

Der Oberkörper: Er ist leicht nach vorne geneigt. Sein Winkel bzw. seine Position bleibt nahezu unverändert. Er bleibt stabil und frei von Rotation.

Die Beinarbeit: Sie erfolgt wechselseitig. Beachten Sie die Beuge- und Streckbewegungen! In Bild 2, oben erfolgt der Belastungswechsel bei deutlich gebeugten Hüft-,

Skating

Skating – Stöcke auf halber Höhe gefasst

2:1-Technik mit aktivem Armschwung

EXPERTENTIPP

Schauen Sie beim Laufen nicht ständig nach unten. Entwickeln Sie »Skigefühl« ohne visuelle Dauerkontrolle der Ski! Erstens sieht man sonst nicht, wo man hinläuft und ob Läufer entgegenkommen. Zweitens sind Hals- und Brustwirbelsäule vermehrt gekrümmt, was für die Muskulatur und die Bewegungsausführung nicht optimal ist.

Knie- und Sprunggelenken. Das Abstoßbein wird beim Abheben vom Schnee gestreckt (Bild 1+3, S. 107).

Achten Sie auf eine lange Armbewegung von weit vorne nach weit hinten, dies überträgt sich auf entsprechend lange Gleitphasen.

Als Variation kann man die Stöcke auf halber Höhe mitschwingen (s. Abb. S. 108); diese sind richtungsweisend. Wenn man sie parallel mitschwingt, zeigen sie gut, ob man mittig über dem gleitenden Ski steht. Schauen Sie kurzzeitig beim Strecken der Arme nach vorn zwischen Ihren Stöcken hindurch nach unten. Ist mittig zwischen Ihren Stöcken der Gleitski zu sehen? Halten Sie dabei die Stöcke locker, schließen Sie die Hände nicht zu einer festen Faust.

Wenn Sie Rhythmus und Balance gefunden haben, greifen Sie in die Stockschlaufen.

2:1-Technik mit aktivem Armschwung

Auf jeden zweiten Beineinsatz erfolgt ein Stockeinsatz. Die Bewegung ist symmetrisch, weshalb auch die Bezeichnung »symmetrische 2:1-Technik« gängig ist. Die Arme werden parallel geführt, der Beinabstoß erfolgt gleichmäßig und wechselseitig. Die Technik wird bei höheren Geschwindigkeiten im flachen bis fallenden Gelände gelaufen.

Der Stockeinsatz: Er kann während der Fahrt auf dem linken oder rechten Bein erfolgen. Zu Beginn spielt es keine Rolle, auf welcher Seite man die Stöcke einsetzt. Hat man den Rhyth-

Was gibt es Schöneres?!

Skating

2:1-Technik mit aktivem Armschwung

mus bzw. die Technik auf einer Seite verinnerlicht, sollte man den Stockeinsatz auch auf der anderen Seite üben und in gleichem Maße trainieren wie seine »Schokoladenseite«. In der Bilderreihe erfolgt der Stockeinsatz über dem linken Bein. Die Arme werden parallel nach vorne geführt und leicht gebeugt. Die Stöcke setzen auf dem linken Bein stehend, schräg auf Höhe der Fußzehen, mit ca. 10 bis 15 Zentimeter Abstand zu den Ski in den Schnee. Das rechte Bein befindet sich unter dem Körperschwerpunkt in der Luft (Bild 1).

Der Armabstoß erfolgt, die Arme werden gestreckt und man gleitet auf dem rechten Ski (Bild 2). Es folgt der Abstoß vom linken Bein, die Stöcke heben vom Schnee ab und die Hände sind in dieser Phase geöffnet (Bild 2). Das linke Bein pendelt unter den Schwerpunkt zurück und wird mit dem Körpergewicht belastet. Die Arme schwingen nach vorne (Bild 3) und die Stöcke setzen erneut ein, während man schon auf dem linken Bein gleitet (Bild 4). Der schwungvolle Stockeinsatz leitet den aktiven Belastungswechsel auf das rechte Bein

2:1-Technik mit aktivem Armschwung

2:1-Technik mit aktivem Armschwung mit Blick von vorne. Gut zu erkennen ist die enge Beinstellung zu Beginn des Belastungswechsels.

ein! Daher hat die Technik auch ihren Namen.
Der Oberkörper: Er bleibt leicht nach vorne geneigt in einer eher ruhigen Position. Er pendelt nur ganz leicht über das jeweilige Gleitbein, damit sich Kopf, Knie und Ski auf einer senkrechten Linie befinden.
Die Beinarbeit: Wechselseitig stoßen sich rechtes und linkes Bein vom Schnee ab. In der Phase des Abstoßes wird das Abstoßbein zunächst gebeugt und der Ski aufgekantet (Bild 3 rechtes Bein). Drückt man sich vom Schnee ab, folgt die Streckung des Abstoßbeines (Bild 2 linkes Bein). Achten Sie auf eine enge Beinstellung, wenn Sie den Belastungswechsel einleiten!

> **KURZ UND KNAPP**
>
> Denken Sie daran, dass sich Kopf, Knie und Gleitski auf einer senkrechten Linie befinden sollen (rote Linie Abb. S. 105)! Nur so wird der Ski optimal belastet und man kann lange gleiten. Heben Sie die Stöcke nicht über Augenhöhe an und führen Sie die Ski flach über dem Schnee unter Ihren Schwerpunkt!

2:1-Technik (Führarmtechnik)

Bei dieser Technik erfolgt ebenfalls auf jedem zweiten Beineinsatz ein Stockeinsatz. Doch diese Technikform ist nicht symmetrisch, weshalb man sie auch »asymmetrisch 2:1« bezeichnet. Auch »Führarmtechnik« ist ein Begriff, da ein Arm seitlich heraussteht und »bewegungsführend« agiert. Man läuft sie vorrangig in ansteigendem Gelände. Beide Körperhälften arbeiten nicht spiegelgleich und das Timing des Stockeinsatzes ist ein anderes als beim vorangegangenen symmetrischen 2:1-Rhythmus. Bei dieser Technik ist wichtig, dass man lernt, den Führarm auf beiden Seiten einsetzen zu können. Andernfalls wird die Muskulatur nur einseitig belastet, was sie auf Dauer ungleichmäßig ausbildet und zu Verspannungen führen kann. Wechselt man die stockunterstützende Seite häufig, läuft man zudem kraftschonender.

Der Stockeinsatz: Der Stockeinsatz erfolgt mit beiden Armen gleichzeitig bzw. berührt der Stock des nicht führenden Armes minimal zeitversetzt zuerst den Schnee. Dieser Moment ist in dem folgenden Bild festgehalten. Orientieren Sie sich in der Lernphase jedoch am gleichzeitigen Einsatz der Stöcke! Dieser minimale zeitliche Versatz lässt sich beim Lernen nicht bewusst ansteuern, dies würde den Bewegungsfluss und den Rhythmus stören. Die Armhaltung ist nicht parallel. Die Stöcke setzen trotz der Asymmetrie dicht auf Höhe der Bindung beider Ski ein (Bild unten). In der Bilderreihe Seite 114 wird die Führarmtechnik mit rechts demonstriert. Der rechte Arm (Führarm) wird beim Stockeinsatz leicht gebeugt – nach rechts-vorne zeigend – eingesetzt. Der linke Arm wird – etwas vermehrt gebeugt – direkt vor dem Körper eingesetzt (Bild 2, S. 114). Die Stöcke sind in dieser Phase unterschiedlich stark geneigt, der linke setzt deutlich schräger ein (Bild 1+2, S. 114). Die Zugphase des Stockeinsatzes bewirkt ein kurzes Gleiten auf rechts, die Schubphase leitet den Belastungswechsel auf das linke Bein ein (Bild 3, S. 144). Die Arme pendeln nach hinten aus, wobei der linke mehr nach außen schwingt (Bild 4, S. 114), die Hände werden geöffnet. Erfolgt der Belastungswechsel vom linken auf das rechte Bein, schwingen die Arme wieder nach vorne in die asymmetrische Führarmhaltung (Bild 5, S. 114). Der Stockeinsatz erfolgt gleichzeitig

Stockeinsatz und Beinarbeit bei der 2:1-Technik (Führarmtechnik)

2:1-Technik (Führarmtechnik)

mit dem Aufsetzen des rechten Skis (Bild 1+2, S. 114 + Bild S. 112)!
Der Oberkörper: Beginnend in einer leichten Vorlage, verstärkt sich die Beugung in den Hüftgelenken deutlich mit dem Stockeinsatz. Man lässt sich regelrecht nach vorne in die Stöcke »fallen«, der Oberkörper verleiht dem Stockeinsatz damit noch zusätzlich Nachdruck. Im Belastungswechsel auf den linken Ski bleibt der Körper noch tief (Bild 3, S. 114). In der Gleitphase auf links richtet sich der Oberkörper wieder auf (Bild 4, S. 114). Im folgenden Belastungswechsel auf rechts bleibt der Oberkörper in seiner leichten Vorlage fast aufrecht (Bild 5+1, S. 144). Die Schulterpartie rotiert bei dieser Technik leicht, damit werden die Gleitphasen auf beiden Ski ermöglicht. Bleibt der Oberkörper mittig und starr, werden die Ski nicht optimal belastet. Auf der Führarmseite fällt es leichter, über dem Ski zu stehen. Aber achten Sie auch darauf, den Kopf mit über den anderen Ski zu nehmen (Bild 4, S. 114). Denken Sie in den Gleitphasen an die (rote) Line aus den Vorübungen!
Verbildlicht beschreibt die Bewegung des Oberkörpers dabei »eine flache Schüssel mit Deckel«:

Skating in der 2:1-Technik (Führarmtechnik)

Die Beinarbeit: Wechselseitig stoßen rechtes und linkes Bein vom Schnee ab, wobei die Gleitphase des Skis auf der Führarmseite etwas länger ist. Der Ski wird beim Abstoßen deutlich aufgekantet (Bild S. 112).

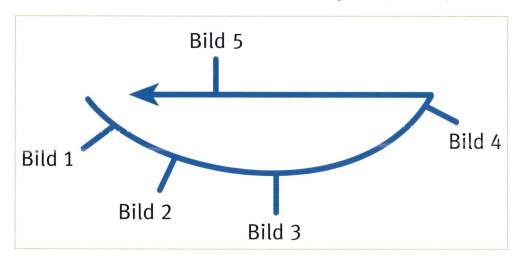

Skating

Die Ski werden aktiv nach vorne gesetzt, und vor dem Abstoßen werden die Beine deutlich gebeugt um viel Vortrieb im steigenden Gelände aus den Beinen heraus zu erzeugen. Die Beinkraft ist in steilem Gelände maßgebend für das Vorankommen.

2:1-Technik (Führarmtechnik)

2:1-Technik (Führarmtechnik)

KURZ UND KNAPP

Die beiden 2:1-Techniken bilden die Grundtechniken des Skatings. Mit diesen Basistechniken, sowie den Brems- und Kurventechniken, kommen Sie in der Loipe gut zurecht.

Führarmwechsel

Er sollte nicht nur trainiert werden, um dauerhaft einseitige Belastungen zu vermeiden und um frühzeitiger Ermüdung vorzubeugen. Der Führarmwechsel erlaubt auch, besser geländeangepasst zu laufen. Wenn die Loipe entlang eines abfallenden Hanges verläuft, ist der Führarm immer hangaufwärts auszurichten. Ist der Führarm auf der hangabwärts gewandten Seite, tendiert man ständig dazu, bergab zu fahren. Um dem entgegenzuwirken, müsste man sich im Körper bergwärts verdrehen, damit man nicht von der Loipe abkommt. Dies wirkt sich negativ auf die Kraftübertragung und den Bewegungsfluss aus. Deshalb üben Sie möglichst frühzeitig die 2:1-Technik auf beiden Seiten!

Direkter Wechsel: Beim direkten Wechsel führen Sie einen 1:1-Schritt aus, danach gehen Sie sofort wieder in den 2:1-Rhythmus über. Der Führarm ist rechts, Stöcke und rechter Ski setzen gleichzeitig ein. Sie bremsen die Stöcke noch vor der Hüfte ab. In dem Belastungswechsel auf das linke Bein schwingen die Arme schon wieder nach vorne, und Sie setzen die Stöcke gleichzeitig mit dem linken Ski ein. Nun werden die Arme beim Belastungswechsel auf rechts nach hinten geschwungen und die Stöcke erst wieder über dem linken Bein, wie oben beschrieben, asymmetrisch eingesetzt.

Indirekter Wechsel: Beim indirekten Wechsel werden zwei Schlittschuhschritte ohne Stockeinsatz ausgeführt; erst mit dem dritten Schritt erfolgt der nächste Stockeinsatz und damit der Führarmwechsel auf die andere Seite.

Sind sie in diesen Basistechniken schon etwas geübter, fahren Sie mit der 1:1-Technik fort. Üben Sie dennoch gelegentlich ohne Stöcke, v.a. das Brustschwimmen über jedem Ski ist eine gute Vorbereitung auf den 1:1-Rhythmus!

EXPERTENTIPP

In der ersten Übungsphase können Sie auch kurz anhalten und sich in aller Ruhe auf die »neue« Seite einstellen. Später üben Sie das Umstellen während dem Laufen. Fortgeschrittene Läufer sollten den direkten Wechsel vorziehen, weil man ohne Schwungverlust flüssig durchlaufen kann; beim indirekten Wechsel verliert man an Geschwindigkeit.

Skating

1:1-Technik (für Fortgeschrittene)

Der 1:1-Schritt ist die koordinativ und konditionell anspruchsvollste Teiltechnik des Skatings. Sie kommt in der Ebene und in leichten Anstiegen zum Einsatz. Jeder Schritt wird mit einem Stockeinsatz unterstützt. Die Bewegung ist symmetrisch und die Armhaltung parallel. Mit dieser Technik kann man im flachen Gelände hohe Geschwindigkeiten erzielen. Die Bewegungsfrequenz sowie der

1:1-Technik

1:1-Technik (für Fortgeschrittene)

Krafteinsatz sind erhöht – die 1:1-Technik ist die »Königsdisziplin« beim Skating!

Der Stockeinsatz: Die Stöcke werden parallel mit leicht gebeugten Armen auf Höhe der Bindung eingesetzt (Bild 1); der Stockeinsatz erfolgt hier auf dem rechten Bein gleitend. Der linke Ski setzt erst auf, wenn die gestreckten Arme die Hüfte passiert haben und die Stockspitzen vom Schnee abheben (Bild 2). Die Hände werden am Ende der Schubphase geöffnet. Auf dem linken Bein gleitend schwingen die Arme wieder nach vorne (Bild 3). Ein weiterer Stockeinsatz wird auf dem linken Bein gleitend ausgeführt (Bild 4). Es folgt der Belastungswechsel: Die Stöcke lösen sich vom Schnee und der rechte Ski setzt auf (Bild 5+6). Auf dem rechten Bein gleitend schwingen die Arme wieder nach vorne zum erneuten Einsatz (Bild 7).

Um Geschwindigkeit aufzunehmen oder eine hohe Geschwindigkeit zu halten, müssen die Arme stärker und mit einer höheren Frequenz beschleunigt werden als bei der 2:1-Technik mit aktivem Armschwung, da bei der 1:1-Technik für den Armschwung regelmäßig weniger Zeit zur Verfügung steht um im Laufrhythmus zu bleiben. Die Oberkörperkraft ist bei dieser Lauftechnik maßgebend für Geschwindigkeit bzw. Vortrieb. Bei sehr hoher Geschwindigkeit nimmt die Frequenz der Armabstöße zu, z.B. beim Sprint, dann werden die Arme beim Stockeinsatz verstärkt gebeugt und nicht mehr so weit nach hinten geschwungen.

Der Oberkörper: Der Oberkörper bewegt sich leicht mit, aber er rotiert nicht; die Ausgangsstellung ist eine leichte Vorlage. Während des Stockeinsatzes beugt er sich vermehrt nach vorne (Bild 2+5) und bei Vorschwingen der Arme richtet er sich wieder etwas auf (Bild 3+6-7).

Die Beinarbeit: Wechselseitig stoßen rechtes und linkes Bein, abgestimmt auf die Stock-

Enge Fußstellung zu Beginn des Belastungswechsels

einsätze, vom Schnee ab. Die Skistellung ist bei dieser Technik insgesamt enger, die Füße werden sehr nahe zusammengeführt, um lange Gleitphasen zu erzeugen. Zudem erleichtert die enge Fußstellung den Belastungswechsel (Bild 1+4), zwischen den Füßen ist in diesem Moment nur etwa eine handbreit Luft (Bild oben).

Nach dem Stockeinsatz auf rechts folgen der Belastungswechsel auf links und der Abstoß vom rechten Bein mit deutlich angewinkelten Knien (Bild 2). Man gleitet mit vermehrt gestrecktem Bein auf dem linken Ski, während das Abstoßbein nach innen unter den Schwerpunkt pendelt (Bild 3+4). Im folgenden Belastungswechsel senkt sich der Schwerpunkt durch das Anbeugen der Beine wieder ab und der linke Ski wird aufgekantet (Bild 5). Der Belastungswechsel schließt mit der Streckung des Abstoßbeines ab (Bild 6).

> **EXPERTENTIPP**
>
> Um die enge Beinstellung und somit langen Gleitphasen zu trainieren, kann man zu Übungszwecken kurzzeitig die Ferse des Abstoßbeines an die Ferse des Gleitbeines tippen.

Skating

Diagonalskating

Diagonalskating

Diese Schritttechnik wird zur Bewältigung sehr steiler Anstiege angewandt. Die Arme setzen nicht parallel, sondern diagonal versetzt ein. Pro Schritt erfolgt der Einsatz eines Stockes. Hierbei handelt es sich um einen Grätenschritt mit kurzen Gleitphasen.
Der Stockeinsatz: Er erfolgt wechselseitig mit rechts und mit links. Die Arme werden nicht ganz so weit nach vorne gebracht wie bei den anderen Techniken, der Stock sticht – je nach Steigung – schräg auf Höhe des Fußes bzw. leicht dahinter in den Schnee (Bild 2). Kann man den Diagonalschritt noch schwungvoll ausführen, schwingt der Arm an der Hüfte vorbei und die Hand öffnet sich. Ist es so steil, dass der Bewegung die Dynamik fehlt, endet die Armbewegung mit leicht geöffneter Hand etwa auf Hüfthöhe.

Der Oberkörper: Er rotiert bei dieser Bewegung zum Gleitbein hin. Erfolgt ein Stockeinsatz auf rechts, dreht sich die Schulterpartie etwas nach links (Bild 1). Die leicht vorgeneigte Position bleibt in der Bewegung erhalten.
Die Beinarbeit: Rechtes und linkes Bein stoßen sich im Wechsel vom Schnee ab. Das aufgesetzte Gleitbein wird immer auch zum Abstoßbein, als Abstoßbein wird es vom gleichseitigen Stock unterstützt (Bilder 1+2).

Abfahrtstechnik

Wie im Abschnitt »Abfahrtstechnik« im Kapitel »Klassische Lauftechnik« schon beschrieben, können Sie die Abfahrten in der halben oder tiefen **Abfahrtshocke** mit paralleler Skistellung auf der Skatingloipe oder in der Spur

Technikwechsel

Schlittschuhschritt mit aktivem Armeinsatz

bewältigen; sie wird bei rasanten Abfahrten und zur Erholung angewendet.
Wenn die Abfahrt nicht so rasant ist, können Sie auch den **Schlittschuhschritt** anwenden (siehe Abschnitt »Vorbereitende Übungen«). Der Schlittschuhschritt kann als schnellste Lauftechnik angesehen werden. Sie kann auch dann noch angewandt werden, wenn für einen Stockeinsatz keine Zeit mehr bleibt, weil die Schrittfrequenz zu hoch ist. Dabei werden die Stöcke zwischen Oberkörper und Oberarmen nach hinten zeigend eingeklemmt. Man nimmt die Grundposition der halben Abfahrtshocke ein und stößt sich im Wechsel mit dem rechten und linken Bein ab. Diese Technik kann auch noch mit einem aktiv-beschleunigenden Armeinsatz kombiniert werden. Die Arme schwingen diagonal zur Beinbewegung mit, und die Schulterpartie rotiert jeweils leicht in Richtung Gleitbein.

Die Hände bleiben auch beim Schwingen nach hinten um den Griff geschlossen. Die Stockspitzen werden dabei nach hinten-oben katapultiert. Diese Technik benötigt viel Raum. Achten Sie darauf, dass sich nicht unmittelbar hinter oder neben Ihnen ein anderer Läufer befindet, der durch die Stöcke gefährdet werden könnte!

Technikwechsel

Zwischen dem 2:1 mit aktivem Armschwung und der 1:1-Technik lässt sich leicht und ohne Schwungverlust wechseln, denn das Timing von Stock- und Beineinsatz ist gleich: Der vollzogene Stockeinsatz leitet den Belastungswechsel auf das andere Bein ein. Möchte man in den 1:1-Schritt wechseln, ergänzt man die Beinarbeit um einen Stock-

Skating

> **EXPERTENTIPP**
>
> Mit einem »Wechselspiel« zwischen 2:1 mit aktivem Armschwung und 1:1 kann man auch gut die Seite des Stockeinsatzes beim 2:1-Rhythmus wechseln. In den 2:1 mit aktivem Armschwung baut man einen 1:1-Schritt hinein und lässt ihn nach einem Schritt sofort wieder weg. Zwei Beineinsätze werden hintereinander mit Stöcken unterstützt, beim dritten schwingen die Stöcke durch und man hat die Seite des Stockeinsatzes gewechselt.

einsatz – oder umgekehrt lässt man einen Stockeinsatz aus.

Wechsel zwischen 2:1 und 2:1 mit aktivem Armschwung

Man läuft in der 2:1-Technik, Führarm rechts, und möchte in den 2:1 mit aktivem Armschwung wechseln, weil beispielsweise das Gelände von einem leichten Anstieg in ein leichtes Gefälle übergeht. Verzögern Sie einmal kurz den Armeinsatz und führen die Arme parallel! Auf links gleitend sind die Arme hinten. Schwingen Sie die Arme in paralleler Haltung vor und setzen Sie den rechten Ski auf, wobei Sie die Stöcke noch kurz in der Luft halten. Mit dem folgenden Stockeinsatz beenden Sie die Gleitphase auf dem rechten Bein, und es folgt der Belastungswechsel auf links. Beim Wechsel vom 2:1 mit aktivem Armschwung in die Führarmtechnik führen Sie einen Stockeinsatz etwas früher durch und nehmen in diesem Moment die asymmetrische Armhaltung ein. In der 2:1-Technik mit aktivem Armschwung erfolgt beispielsweise noch auf rechts gleitend der Stockeinsatz. Es folgt der Belastungswechsel auf links. Sie gleiten auf links und schwingen die Arme

Zu zweit macht das Skaten richtig Spaß!

Wann wende ich welche Teiltechnik an?

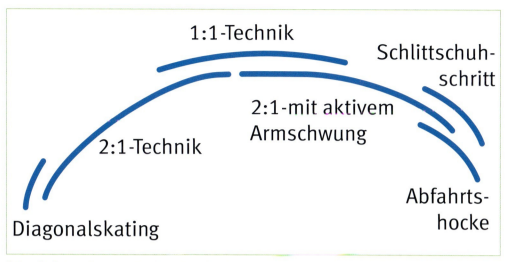

Schematische Darstellung eines Hügels, welcher alle Geländeformen beinhaltet. Sie zeigt, bei welcher Geländeform welche Teiltechnik gelaufen wird bzw. gelaufen werden kann.

Wann wende ich welche Teiltechnik an?

Wie schon im Kapitel »Klassische Lauftechnik« angesprochen, lässt sich diese Frage nicht so eindeutig beantworten, wie sich das wahrscheinlich viele Läufer wünschen. Zahlreiche Faktoren beeinflussen die Entscheidung für eine bestimmte Lauftechnik: Sie ist abhängig vom jeweiligen Gelände, der Kondition, der Tagesform und dem technischen Können des Läufers, von den Schneebedingungen sowie dem Material bzw. der Präparation des Skis.

Die obige Grafik gibt einen Überblick, welche Technik man, angepasst an das Gelände, wählen sollte bzw. wählen kann. Insbesondere bei Geländeübergängen gibt es Überschneidungen bzw. Auswahlmöglichkeiten, die v.a. im unterschiedlichen Können und in den Schneebedingungen begründet sind. Zur Orientierung kann folgendes dienen:

- Diagonalskating für **sehr steiles Gelände** und zur Entlastung bergauf
- 2:1-Technik als Basistechnik für **ansteigendes** und flaches Gelände
- die **1:1-Technik** vorrangig für **flaches Gelände,** aber auch an leichten Anstiegen und in langsamen Abfahrten
- die **2:1-Technik mit aktivem Armschwung** als weitere Basistechnik für flache und fallende Geländepassagen
- Schlittschuhschritt kann in **fallendem Gelände** gelaufen werden
- die **Abfahrtshocke** findet in deutlich **fallendem Gelände** Anwendung

> **KURZ UND KNAPP**
>
> Generell gilt immer: Hören Sie auf Ihren Körper! Laufen Sie die Technik, mit der Sie sich wohlfühlen und vermeiden Sie dauerhafte Überlastung!

Grundlagen zum Training auf Schnee

Die Sportart Skilanglauf ist eine Ausdauersportart, die neben den hohen Anforderungen an die konditionellen Voraussetzungen auch ein hohes technisch-koordinatives Leistungsniveau, besonders im Skating, verlangt. Das Fundament zur Verbesserung der eigenen Leistungsfähigkeit bildet ein vielseitiges, individuelles Trainingsprogramm.

Zuerst sollte man sich fragen, welches Ziel man mit dem Training verfolgt.
- erfolgreiche Teilnahme an Wettkämpfen bzw. Leistungssteigerung
- gesundheitliches Wohlbefinden bzw. Prävention
- andere, individuelle Zielsetzungen

Nach dem gesteckten Ziel richten sich Trainingsinhalte, Trainingshäufigkeit und die Intensität. Damit wird schon deutlich, dass Training auf ganz unterschiedlichen Leistungsebenen stattfindet. Die nachfolgende Übersicht zeigt die Komplexität und das hohe Anforderungsprofil dieser Sportart.

Die roten Trainingsbereiche richten sich an Leistungssportler/Wettkämpfer, die violettfarbenen und besonders die blau gefärbten Kästchen sind Trainingsbereiche für Einsteiger und Fortgeschrittene. In den braunen Kästchen befinden sich Beispiele, wie man diese Bereiche im Einzelnen trainieren kann.

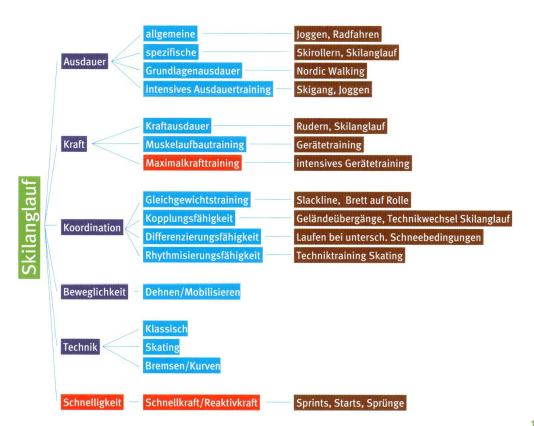

Grundlagen zum Training auf Schnee

Optimal ist es, all diese Aspekte (bis auf die roten Kästchen – es sein denn, Sie betreiben Leistungssport) in das Trainingsprogramm zu integrieren, gleich ob Sommer oder Winter. Ideal ist, wenn Sie jede Woche, in mehreren Trainingseinheiten, ihre Technik, Ausdauer, Kraft und Beweglichkeit trainieren. Das Koordinationstraining ist v.a. zu Beginn wichtig und sollte auch bei Fortgeschrittenen regelmäßig im Trainingsalltag seinen Platz finden. Mit welchen Sportarten und Methoden sie ihr Training gestalten, hängt neben persönlichen Vorlieben, der körperlichen Konstitution und den örtlichen Gegebenheiten nicht zuletzt von Ihren persönlichen Zielen ab. Grundlagen zur Trainingsgestaltung erfahren Sie auf den folgenden Seiten.

Struktur einer Trainingseinheit

Eine Trainingseinheit besteht grundsätzlich immer aus drei Teilen: Aufwärmen, Hauptteil und Abwärmen – so auch beim Skilanglauf.

Aufwärmen

Dauer: ca. 10 bis 15 Minuten
In dieser Phase wird der gesamte Organismus allmählich auf die Trainingsbelastung vorbereitet. Die Körper- und Muskeltemperatur steigt an, wodurch sich der innere Reibungswiderstand verringert und die Viskosität des Gewebes und der Gelenke abnimmt. Dieser Prozess macht den Körper weniger verletzungsanfällig. Als weiterer positiver Effekt steigen Muskelkontraktions- und Nervenleitgeschwindigkeit, was eine höhere Leistungsfähigkeit des Körpers bewirkt. Die Muskulatur wird gelockert und vermehrt durchblutet, evtl. vorliegende Verspannungen können gelöst werden.

Aufwärmmöglichkeiten beim Skilanglauf:
- mindestens 10 Minuten locker und eher langsam einlaufen
- Mobilisationsübungen: auf der Stelle treten, Umsteigen/Drehen, Side-Step etc. – dies ist mit oder ohne Ski möglich
- lockeres Laufen ohne Stöcke + aktives Schwingen der Arme

Sie können einen oder mehrere Punkte für Ihre Aufwärmphase nutzen oder miteinander kombinieren.
Beispiel: 5 Minuten Mobilisationsübungen + 5 bis 10 Minuten lockeres Einlaufen

Hauptteil

Dauer: 20 bis 110 Minuten
Im Hauptteil wird das individuelle Training absolviert. Zu den Trainingsmethoden folgen im nächsten Kapitel weitere Informationen. Man sollte mindestens 30 Minuten laufen, da andernfalls kein wirksamer Effekt auf die Ausdauerleistungsfähigkeit erzielt wird.
Trainingsgestaltung im Skilanglauf:
- Techniktraining
- Tourenlaufen/Skiwandern
- Training der Grundlagenausdauer
- Intensives Ausdauertraining
- Extensives Intervalltraining
- Intensives Intervalltraining
- Trainingswettkampf

Detaillierte Erläuterungen dazu folgen im Kapitel »Trainingsmethodik«.

Abwärmen

Die Abwärmphase ist auch als »Cool down« geläufig. Man sollte sie nicht ausfallen lassen, denn sie führt den Körper nach Belastung und Anspannung wieder in einen Zustand der Entlastung und Entspannung (wichtig für schnelle Regeneration). Beim Auslaufen werden Stoffwechselschlacken (z.B. Milchsäure) besser abtransportiert. Auch psychisch ist man nach

dem »Cool down« weniger aufgeregt und angespannt, als wenn nach intensiver Anstrengung das Training abrupt beendet wird. Je höher die vorangegangene Belastung, desto länger sollte das Abwärmen dauern.
Dauer: 5 bis 15 Minuten
- lockeres Auslaufen in flachem oder leicht fallendem Gelände
- kann mit Dehnungsübungen kombiniert werden (z.B. 10 Minuten Auslaufen, 5 Minuten Dehnen)

Geeignete Dehnübungen werden weiter unten vorgestellt.

Trainingsmethodik

Allgemeines zum Training

Zum Training gehört auch immer eine **Regenerationsphase**, in der sich der Körper von der Belastung erholt und sich an die geforderten, höheren Belastungen anpasst, indem er beispielsweise mehr Muskelfasern rekrutiert. Aber Vorsicht: Setzt man den folgenden Trainingsreiz noch in der Regeneration, schwächt man den noch nicht erholten Körper, und es kommt zu einer allmählichen Leistungsminderung (Übertraining). Sind die Pausen zwischen den einzelnen Trainingseinheiten jedoch zu lange, baut der Körper wieder ab und passt sich somit den geringeren Anfor-

> **KURZ UND KNAPP**
>
> Nur wiederholte belastungsbedingte Ermüdung mit jeweils darauffolgender vollständiger Erholung führt zu einer Steigerung der Leistungsfähigkeit.

derungen an (keine Leistungssteigerung). Wichtig: Trainieren Sie nur, wenn Sie gesund sind! Selbst wenn Sie vielleicht »nur« eine kleine Erkältung haben, ist der Körper genug geschwächt. Belasten Sie ihn zusätzlich mit Sport, fügen Sie Ihrem Körper mehr Schaden zu, als dass es ihm nützt. Wenn Sie gesundheitlich nicht fit sind: mit Sport pausieren!
Zur Trainingshäufigkeit:
- Skilanglaufanfänger, Sporteinsteiger, Freizeitsportler und ältere Läufer sollten zwei bis drei Trainingseinheiten pro Woche durchführen
- fortgeschrittene, sportliche Läufer können vier Trainingseinheiten absolvieren
- Leistungssportler können aufgrund schneller Regeneration und hoher Leistungsfähigkeit (fast) täglich trainieren

Die Zahl der Trainingseinheiten richtet sich auch nach der Intensität des Trainings: Wer viel Skiwandern (kleine Touren) betreibt, kann öfter laufen gehen, weil der Körper nur relativ kurz regenerieren muss (ca. 24 bis max. 48 Std.). War die Trainingseinheit sehr intensiv, kann es sein, dass der Körper auch einmal drei Tage Erholung benötigt. Hören Sie auf Ihren Körper, wenn Sie unsicher sind, wie lange Sie regenerieren sollten!

Grundlegende Trainingsprinzipien

Die Beweggründe, eine bestimmte Sportart zu betreiben, sind unterschiedlichster Art. Auch beim Skilanglauf gibt es verschiedene

Grundlagen zum Training auf Schnee

Gründe, warum man sich in die Loipe begibt: Faszination der Bewegung, Naturerlebnis, umfangreiches Muskel- bzw. Körpertraining, Ausgleichssport zu anderen, im Sommer betriebenen Sportarten wie Radfahren, sind nur einige Gründe, die Sportler in die Loipe locken; bei den Trainingsgrundlagen spielt dies eine untergeordnete Rolle. Für alle gilt es, folgende Grundsätze zu beachten:

- *optimale Gestaltung von Belastung und Erholung (siehe oben)*
- *Wiederholung und Kontinuität sowie Training während des gesamten Jahres*

Bis der gesamte Organismus sich auf die erhöhten Anforderungen eingestellt hat, benötigt er Wochen und Monate. Was sich während monatelangem Training im Zentralnervensystem verankert hat, kommt dem Sportler so schnell nicht wieder abhanden. Um aber die dadurch gewonnene, erhöhte Leistungsfähigkeit zu **erhalten** oder weiter zu **steigern**, ist eine Trainingskontinuität über das ganze Jahr hinweg erforderlich. Suchen Sie sich im Sommer einen passenden Ausgleichssport: Nordic Walking, Inline-Skating, Radfahren etc.! Nach einem tollen Trainingswinter starten Sie so fit wie noch nie in den Frühling!

- *Anpassung an die Individualität und an das Alter*

  Die individuelle sportliche Leistungsfähigkeit wird von vielen persönlichen Gegebenheiten mitbestimmt, die es bei der Trainingsgestaltung zu berücksichtigen gilt:
  - sportmotorische Begabung/koordinative Fähigkeiten
  - körperliche Konstitution/Beweglichkeit
  - unterschiedliche Trainierbarkeit von Kindern, Jugendlichen, Erwachsenen und Senioren
  - Erkrankungen
  - Psyche/Motivation/Emotionen

- *Trainingsvariation*

  Nur wer abwechslungsreich in unterschiedlichem Gelände, mit unterschiedlichen Geschwindigkeiten und Methoden sowie wechselnder Intensität trainiert, setzt immer neue Reize, die neue Anpassungsreaktionen auslösen. Über neue, kleine Herausforderungen kann man sich weiterentwickeln, und es kommt nicht zur einer Stagnation.

- *Prinzip des trainingswirksamen Reizes – die »richtige« Belastung*

  Ist der Reiz *unterschwellig,* ist die Belastung zu gering, um Anpassungsreaktionen auszulösen – er ist also wirkungslos. *Leicht überschwellige* Reize halten das Funktionsniveau. *Stark überschwellige* Reize sind optimal – sie lösen physiologische Reaktionen aus. *Zu starke* Reize wirken sich eher funktionsschädigend aus. Trainingsziel ist also, überschwellige Reize auszulösen. Um für den Grad des Reizes ein Gefühl zu bekommen, müssen Sie in Ihren Körper hineinhören! An Ihrer Regenerationszeit können Sie dies unschwer erkennen: Spüren Sie keinerlei Ermüdungserscheinung, war der Reiz zu schwach. Schmerzen Ihnen nach einer Einheit tagelang die Muskeln oder Gelenke, so war der Reiz zu stark. Eine Ermüdung, die nicht schmerzhaft ist und ca. einen Tag spürbar ist, bedeutet einen idealen Trainingsreiz.

- *progressive Belastungssteigerung (für Fortgeschrittene und Wettkampfambitionierte)*

  Möchte man seine Leistung kontinuierlich steigern oder sich auf Wettkämpfe vorbereiten, muss man den Körper Schritt für Schritt an immer größere Belastungen gewöhnen. In folgender Reihenfolge steigern Sie die Trainingsbelastung:
  - erst Trainingshäufigkeit erhöhen

- dann Trainingseinheiten verlängern bzw. Pausen dazwischen verkürzen
- anschließend die Intensität erhöhen

Trainingsmethoden

- *Techniktraining*
  Das Training der Lauftechnik kann in jede Trainingseinheit eingebaut werden. Gezieltes Techniktraining steht direkt nach dem Aufwärmen auf dem Programm, denn da ist der Körper noch nicht ermüdet und die Konzentrationsfähigkeit sowie die motorischen Fähigkeiten sind am höchsten. Das Techniktraining erfolgt mit geringer Intensität. Trainieren Sie in unterschiedlichem Gelände, bei verschiedenen Schneebedingungen und mit unterschiedlichen Übungen. Ziel ist es, die Bewegungsabläufe zu verbessern. Nach dem Techniktraining schließt sich ein Konditionstraining an.

- *Tourenlaufen / Skiwandern*
  Lange Strecken werden mit niedriger Herzfrequenz – für das Skiwandern eignet sich eine Herzfrequenz von 50 bis 65 Prozent der maximalen Herzfrequenz (Details siehe Kapitel »Training mit der Pulsuhr«). Desweiteren eignet sich diese geringe Belastung auch als
  - Gesundheitstraining
  - Regeneration
  - Prävention und Rehabilitation
  - Stressreduktion
  - Koronarsport

- *Dauermethode – Training der Grundlagenausdauer*
  Die Intensität dieser Methode ist relativ niedrig, da diese Belastung längere Zeit anhalten sollte (ca. 30 bis 120 Minuten). Während des Laufens sollte man sich noch gut mit anderen Läufern unterhalten können. Sie stellt die Haupt-Trainingsmethode von (Freizeit-)Ausdauersportlern und Sporteinsteigern dar. Wer mit einer Pulsuhr läuft, sollte einen Puls im Bereich von 65 bis 75 Prozent seiner maximalen Herzfrequenz anpeilen. Die Dauermethode charakterisiert sich durch folgende Punkte:
  - steigert die Ausdauerleistungsfähigkeit
  - trainiert den Stoffwechsel/gesteigerte Fettverbrennung
  - Herz-Kreislauf-Training
  - allgemeines Fitness- und Gesundheitstraining
  - Steigerung der Belastbarkeit
  - Ökonomisierung der Lauftechnik (nicht im ermüdeten Zustand)

- *Intensives Ausdauertraining* (für Fortgeschrittene und Wettkampfambitionierte)
  Skilangläufer, die auch an Wettkämpfen teilnehmen wollen, müssen auch intensiv trainieren, um den hohen Belastungen bei Volksläufen und Ski-Marathons gewachsen zu sein. Das Training der Grundlagenausdauer allein ist für sportlich ambitionierte Läufer zu wenig. Intensives Ausdauertraining sollte allerdings ist nur ein Sportler betreiben, dessen Grundlagenausdauer bereits gut trainiert ist und der körperlich in einem guten Zustand ist.
  Unter intensiver Belastung wird je nach Trainingszustand 30 bis 60 Minuten gelaufen. Man läuft dabei an der Grenze der aeroben Leistungsfähigkeit, d.h., dass sich Laktatbildung und -elimination dabei gerade noch die Waage halten, es steht noch genügend Sauerstoff zur Energiebereitstellung zur Verfügung, es kommt nicht zu einer Anhäufung von Laktat und es wird hierbei keine Sauerstoffschuld eingegangen. Der Laktatspiegel steigt auf etwa 3-4mmol/l. Bei sportmedizinischen Tests kann dies exakt ermittelt werden. Die Trainingsherzfrequenz sollte

Grundlagen zum Training auf Schnee

im Bereich von 75 bis 85 Prozent der maximalen Herzfrequenz liegen. Trainieren Sie nicht mehr als zweimal pro Woche intensiv. Wirkungen dieser Methode:
- Gewöhnung an harte Belastungen
- Wettkampfvorbereitung
- Laktatkompensationstraining
- Verbesserung der maximalen Sauerstoffaufnahme (VO²max)
- Kraftausdauertraining
- vorrangig Kohlenhydratabbau, geringerer Fettabbau

- *Extensive Intervallmethode – Laufen in kupiertem Gelände*
Ein Intervalltraining absolviert jeder Langläufer automatisch, denn die Loipen sind dem Gelände angepasst, und es gibt kaum Loipen ohne einige Anstiege und Abfahrten, in denen der Puls automatisch ansteigt und fällt. Die Belastungsintensität schwankt dabei zwischen 60 und 80 Prozent der maximalen Herzfrequenz. Sollte man sich in ausschließlich flachem Gelände befinden, kann man alle 10 Minuten von einem lockeren Tempo in ein schnelleres übergehen: Im Wechsel ca. 10 Minuten locker laufen, dann ca. 5 Minuten zügig. Die Länge der Intervalle können individuell und nach Belieben verändert werden. Belastungsdauer ca. 45 bis 60 Minuten. Wirkungen der extensiven Intervallmethode:
- Verbesserung der Grundlagen- und Kraftausdauer
- Stoffwechsel- bzw. Laktatkompensationstraining
- verbesserte Kapillarisierung der Muskulatur
- Verbesserung der maximalen Sauerstoffaufnahme (VO²max)
- Abwechslung und Motivation
- trainiert Technikwechsel

- vorrangig Fettabbau, gemischt mit Kohlenhydratabbau

- *Intensives Intervalltraining* (für Fortgeschrittene und Profis)
Die intensive Variante des Intervalltrainings ist gekennzeichnet durch einen geringeren Umfang bei gleichzeitig hoher Intensität. Die Belastungszeit sollte ca. 30 Minuten betragen. Innerhalb dieser 30 Minuten werden maximal neun bis zehn kurze, aber sehr intensive Belastungen über ca. 30 bis 60 Sekunden bis zu 90 Prozent der maximalen Herzfrequenz ausgeführt. In den Pausen zwischen diesen Sprints läuft man locker, bis der Puls wieder auf 120 bis 130 Schläge pro Minute abgefallen ist. Wirkung dieser intensiven Methode:
- Verbesserung der maximalen Sauerstoffaufnahme (VO²max)
- Laktattoleranztraining
- trainiert Stehvermögen und Willenskraft
- trainiert Schnelligkeitsausdauer, Schnellkraft und Kraftausdauer
- Vorbereitung auf Wettkämpfe
- Herzmuskelvergrößerung

- *Trainingswettkampf*
Wer an einem Wettkampf (Volkslauf, Ski-Marathon) teilnehmen möchte, sollte diese Form der hohen Belastung im Training bereits erfahren haben. Als Sportler sollte man einen oder mehrere Trainingswettkämpfe laufen bzw. eine entsprechende Distanz im

> **KURZ UND KNAPP**
>
> Eine über Monate und Jahre erarbeitete Kondition ist relativ stabil, weniger störanfällig und stellt eine wichtige, erhaltenswürdige Fitness- und Gesundheitsressource dar.

Training mit der Pulsuhr

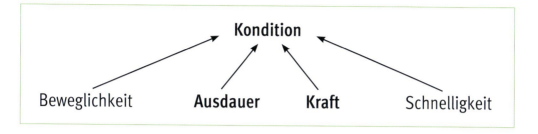

Training ab und zu einbauen, um den Körper an die Belastungen zu gewöhnen. Nach solch einer Höchstbelastung des Körpers unbedingt auf die erforderliche Regenerationszeit achten! Auch am Tag nach dem Wettkampf (oder dem intensiven Training) sollte man sich noch einmal gemütlich auslaufen (Kompensationstraining); dies wirkt sich positiv auf die Regeneration aus.

Training mit der Pulsuhr

Über die Kontrolle der Herzfrequenz steht uns eine relativ einfache und effektive Methode zur Verfügung, um den individuellen Belastungszustand zu kontrollieren. Das Training mit der Pulsuhr steigert die Effektivität deutlich, weil man planmäßig und kontrolliert vorgehen kann. Zur Pulsuhr gehört zudem ein Sender in Form eines Brustgurtes, welcher während des Trainings angelegt sein muss; dieser gibt die Zahl der Pulsschläge pro Minute an die Uhr weiter.

Um das Training individuell zu steuern, ist es wichtig, die individuelle maximale Herzfrequenz zu kennen, da sie als Referenzpunkt dient (z.B. 75 Prozent der maximalen Herzfrequenz). Diese kann entweder durch sportmedizinische Tests (»Ausbelastungstest«) beim Arzt ermittelt werden, was vor allem für sportlich ambitionierte Läufer empfehlenswert ist. Die andere Möglichkeit besteht darin, sich an Faustformeln zu orientieren.

- Faustformel für die maximale Herzfrequenz:
  Männer: 220 – Lebensalter
  Frauen: 226 – Lebensalter

Die angepeilte Herzfrequenz-Zielzone hängt von der Trainingsmethode bzw. dem Trainingsziel ab.

Beispiel: Ein 40-jähriger Mann möchte seine Grundlagenausdauer mit der Dauermethode verbessern.

- 220 – 40 = 180 → Die maximale Herzfrequenz liegt bei rund 180 Schlägen pro Minute.
- Die Belastungsintensität der Dauermethode liegt bei 65–75 Prozent:
  180 x 0,65 = 117
  180 x 0,75 = 135
- Die ideale Pulsfrequenz liegt für ihn also zwischen 117 und 135 Schlägen pro Minute.

Training mit der Pulsuhr

Grundlagen zum Training auf Schnee

Bei einer guten Pulsuhr kann man die Ober- und Unterwerte einstellen, so dass bei Überschreiten der vorgegebenen Grenzwerte ein akustisches/optisches Signal ertönt/erscheint.

- Für Fortgeschrittene – die »Karvonen-Formel«:
  - 220 – Alter = max. Herzfrequenz
  - max. Herzfrequenz – Ruheherzfrequenz = Herzfrequenzreserve
  - Herzfrequenzreserve x Belastungsintensität (75 Prozent=0,75) = Zwischenwert
  - Zwischenwert + Ruheherzfrequenz = Trainingsherzfrequenz

Beispiel: Der 40-jährige Mann hat eine Ruheherzfrequenz von 60 und möchte nach der Dauermethode (65–75 Prozent) trainieren.

1. 220 – 40 = 180
2. 180 – 60 = 120
3. 120 x 0,65 = 78
   a. 120 x 0,75 = 90
4. 78 + 60 = 138
   a. 90 + 60 = 150

- Nach dieser Formel ergibt sich damit ein idealer Trainingsbereich bei einer Herzfrequenz zwischen 138 und 150.

Diese Formel orientiert sich an trainierten Sportlern, deshalb sollten Anfänger zunächst die einfache Faustformel oben benutzen.

Der Vorteil dieser umfangreicheren Formel ist, dass sie die **Ruheherzfrequenz** mit einbezieht, die auch als Indikator für die Ausdauerleistungsfähigkeit dient. Man misst die Ruhefrequenz morgens in liegender Position, direkt nach dem Aufwachen und in größtmöglicher Ruhe. Dies sollte man an mehreren aufeinanderfolgenden Tagen tun und einen Durchschnittswert errechnen. Durch regelmäßiges Ausdauertraining sinkt die Ruheherzfrequenz. Bei Untrainierten liegt der Ruhewert bei ca. 70, bei austrainierten Hochleistungssportlern kann er auf unter 40 Schläge pro Minute sinken. Überprüfen Sie immer wieder Ihre Ruhefrequenz; sie gibt Aufschluss über die Leistungsentwicklung und Sie können Ihre Trainingsherzfrequenz darauf abstimmen.

Was tun bei Muskelkater?

Muskelkater entsteht meist nach intensiver, ungewohnter Belastung. Dies ist nichts Schlimmes, nach einem oder wenigen Tagen ist er folgenlos wieder verschwunden. Der Muskelkater tritt auf, wenn winzig-kleine Gewebestrukturen innerhalb des Muskels reißen. Gewebsflüssigkeit und Stoffwechsel-Abfallprodukte wie z.B. Milchsäure treten aus und komprimieren die Nerven in der Muskulatur. Somit entsteht ein Spannungsgefühl, der Muskel fühlt sich fest an, ist druckempfindlich und schmerzt.

Leichte Bewegung und Wärme regen den Abtransport der »Abfallstoffe« aus dem Muskel an. Lockeres Laufen oder Schwimmen sowie leichtes Stretching und Mobilisationsübungen (siehe Kapitel »Beweglichkeitstraining«) können die Spannung im Muskel reduzieren. Wechselduschen (1–2 Minuten warm, 10–30 Sekunden kalt – 2–3-mal wiederholen), ein warmes Bad und Saunabesuche können ebenfalls zur Erholung beitragen; Massagen sind aufgrund der Druckempfindlichkeit oft nicht ganz so angenehm und entspannend. Achten Sie generell darauf, Muskelkater zu vermeiden. Dosieren Sie Ihr Training so, dass nur eine leichte Ermüdung entsteht, die nicht dauerhaft schmerzhaft ist! Tritt ein Muskelkater auf, so war der Trainingsreiz etwas zu stark. Die nächste Trainingseinheit sollte erst dann wieder angesetzt werden, wenn der Muskelkater vollständig abgeklungen ist!

Ernährungstipps

Nach dem Motto »Essen und trimmen – beides muss stimmen« sorgt auch eine bewusste, sportangepasste Ernährung für Leistungssteigerung und Gesundheit.
Einige Ernährung-Tipps, die auch für Skilangläufer interessant sind:

- *Bevorzugen Sie Vollkorn*
  Körner- und samenreiches Brot und Müsli enthalten zahlreiche Mineralstoffe und Vitamine. Vollkornprodukte können langanhaltend Energie ausschütten. Da die enthaltenen Kohlenhydrate im Körper mehrfach umgearbeitet werden müssen, kann die Energie nur langsam, aber kontinuierlich erschlossen werden. Eine ideale Grundlage für Ausdauersportler!

- *Täglich Obst und Gemüse*
  Die darin enthaltenen Vitamine und Ballaststoffe sind an lebenswichtigen Körperfunktionen (Stoffwechsel) beteiligt. Sie stärken das Immunsystem, und man sammelt Helfer gegen freie Radikale. »Vitaminpillen« sind nicht empfehlenswert, diese können wirkungslos sein und im schlimmsten Fall krank machen. Freizeit- und Hobbysportler decken ihren Bedarf an Vitaminen über eine ausgewogene Ernährung.

- *Viel trinken*
  Zwei bis drei Liter Flüssigkeit sollte man täglich zu sich nehmen, damit die Systeme des Körpers gut funktionieren. Geeignete Sportlergetränke sind: Mineralwasser (mit viel Calcium und Magnesium), Saftschorlen sowie Früchte- und Kräutertees. Verfeinert

man Getränke mit Zitronensaft und/oder etwas Salz, kann man nach intensiver Anstrengung den Elektrolytverlust wieder ausgleichen.
- *Mineralstoffbedarf abdecken*
Mineralstoffe haben Reglerfunktionen im ganzen Körper. Sie sind für Sportler besonders wichtig, da sie die Leistungsfähigkeit erhalten und vor Muskelkrämpfen schützen. Hierbei spielen v.a. Magnesium, Calcium und Kalium eine bedeutende Rolle; sie sorgen für intakte, belastungsfähige Muskeln und ein kräftiges Herz.
  - Calcium: fettarme Milchprodukte, Käse, Grünkohl, Brokkoli
  - Magnesium: Mineralwasser, Bananen, Nüsse/Kerne, Getreide
  - Kalium: Gemüse, Kartoffeln, Bananen, Salat
- *Pasta gibt Kraft*
Schnelle Energielieferanten sind Nudeln – das kann jeder Leistungssportler bestätigen. Sie sind also ideal vor intensiven Belastungen! Aber Vorsicht: Bei übermäßigem Verzehr von Kohlenhydraten werden diese – so sie nicht »verbrannt werden« – in Fett umgewandelt.
- *Fisch und Fleisch als Eiweißlieferanten*
Eiweiße (= Proteine) bestehen aus einer Vielzahl an Aminosäuren, die wichtig für Rückenmark und Gehirn sind. Proteine sollten täglich zugeführt werden, da sie nicht lange im Körper gespeichert werden können. Tierisches Protein ist für den Menschen wertvoller, es besitzt eine höhere biologische Wertigkeit, da es in seinem Aufbau den Eiweißen des menschlichen Körpers ähnlicher ist und durch dieses körpereigene Substanzen leichter aufgebaut werden können. Aber Vorsicht: Nicht zu viel davon, denn darin sind auch Phosphat, Fett und Cholesterin enthalten, wovon wir nicht so viel benötigen! Zu viel Phosphor bzw. Phosphat (enthalten in Fertigprodukten, Wurst, Schmelzkäse, Cola) stört den Calcium- und Magnesiumhaushalt. Proteine sind enthalten in Fisch, Fleisch, Geflügel, Eiern, Milchprodukten, Getreide und Hülsenfrüchten.
- *Kontrollierter Fettkonsum*
Fett ist wichtig für die Energieversorgung und den Zellaufbau. Zudem benötigt man Fettsäuren, um eine Reihe an Vitaminen aufnehmen zu können. Doch Vorsicht: Bei zu viel Fettzufuhr legt der Körper Depots an, welche das Herz-Kreislauf-System belasten können! Verwenden Sie in erster Linie Fette, die reich an einfach und mehrfach ungesättigten Fettsäuren sind; diese finden sich z.B. in Oliven- oder Rapsöl. Weitere Fettlieferanten sind Fisch, Fleisch und Käse.

Achten Sie auf Ausgewogenheit, Abwechslung und Frische! Essen Sie regelmäßig und lieber mehrere kleine Mahlzeiten als wenige große. Lassen Sie sich beim Essen Zeit und genießen Sie es!

Beweglichkeitstraining

Die Beweglichkeit ist eine körperliche Fähigkeit, die unser Konditionsniveau mitbestimmt. Da Skilanglauf den ganzen Körper beansprucht, ist es wichtig, dass sämtliche beteiligten Muskeln elastisch und geschmeidig sind. Dann sinkt die Verletzungs- und Überbeanspruchungsgefahr. Bei guter Beweglichkeit können (Technik-)Übungen kraftvoller, schneller, leichter und fließender ausgeführt werden. Dehnungsübungen regen zur Entspannung an, lösen muskuläre Verhärtungen oder Verklebungen und können die Regeneration unterstützen. Übungen

Beweglichkeitstraining

Wirbelsäule langsam ein- und aufrollen.

aus dem Unterkapitel »Mobilisationsübungen« können auch vor dem Langlauftraining angewandt werden, da sie aktivierend und lockernd wirken. Sie lassen sich jederzeit nach Belieben und durchaus auch täglich anwenden (5-20 Minuten, je nach Bedarf und Trainingsumfang/Trainingsplan). Die statischen Dehnübungen sollten nach dem Training oder in der Regenerationsphase (z.B. abends) durchgeführt werden. Da man hierbei der Muskulatur Spannung nimmt, die man beim Laufen – vor allem bei intensiveren Belastungen – jedoch benötigt, werden Dehnübungen **nicht vor dem Training** durchgeführt.

Mobilisationsübungen

Achten Sie darauf, insbesondere wenn die Muskulatur »kalt« ist, die Bewegungen langsam und kontrolliert auszuführen! Bei den Übungen, die die Wirbelsäule mobilisieren, ist es besonders wichtig, die Bewegungen langsam auszuführen, da sonst Verletzungsgefahr besteht!

- Armkreisen, einarmig oder mit beiden gleichzeitig, vor- und rückwärts
- Fußkreisen im Wechsel rechts/links, Füße strecken/beugen
- im Wechsel auf die Zehenspitzen stellen und den Fuß voll aufsetzten
- Beine ausschütteln, Beine nach vorne und hinten schwingen
- Wirbelsäule ein- und aufrollen
- »Pferd« und «Katze»
- Nach-oben-Strecken, »Apfelpflücken«
- kniend Hände auf Schultern nach links und rechts drehen
- im Stand vorsichtig mit geradem Oberkörper zur Seite neigen
- in Rückenlage Knie angewinkelt nach rechts und links fallen lassen, Kopf in entgegengesetzte Richtung

Grundlagen zum Training auf Schnee

Langsam zwischen Position »Pferd« und »Katze« wechseln.

»Apfelpflücken«

Beweglichkeitstraining

Wirbelsäule in kniender Position langsam drehen und im Stand vorsichtig zur Seite neigen.

Rücken strecken (auf den Fersen hockend) und in Rückenlage Knie zur Seite kippen.

Grundlagen zum Training auf Schnee

- kniend auf Fersen absitzen, Hände nach vorne, Kopf zwischen Arme, Hände krabbeln etwas nach vorne

Statisches Dehnen

Im Folgenden finden Sie eine Auswahl von Übungen, welche die wichtigsten, zur Verkürzung tendierenden Muskeln mit einbeziehen. Sie können Ihr individuelles Dehnprogramm natürlich erweitern oder verändern; beim statischen Dehnen sollte man die Position 20 bis 30 Sekunden halten und zwei- bis dreimal wiederholen.

- *Hüftbeuger + Oberschenkel*
  Der Hüftbeuger ist bei vielen Menschen verkürzt, weil wir die meiste Zeit eine nach vorn gebeugte Haltung einnehmen und in dieser arbeiten, etwa beim Sitzen, Putzen oder bei der Gartenarbeit. Beim Langlaufen sind wir ebenfalls dauerhaft in leicht vorgeneigter Position, weshalb es wichtig ist, den Hüftbeuger immer wieder zu dehnen. Ein verkürzter, verspannter Hüftbeuger kann auch Beschwerden in der Lendenwirbelsäule hervorrufen, denn dort hat er seinen Ursprung. Von den Lendenwirbeln verläuft er durchs Becken und setzt am Oberschenkel an.
- *Beinrückseite*
  Die Beinrückseite steht auch oft unter erhöhter Spannung – dehnen Sie diese immer mit!
- *Waden*
  Der Wadenmuskel kann schnell verkrampfen, wenn er das Training nicht gewohnt ist. Gönnen Sie diesem Muskel Entspannung und dehnen Sie ihn am besten nach jedem Training!
- *Brustmuskulatur*
  Durch die häufig nach vorne orientierte Körperhaltung im Alltag und auch beim Skilanglauf neigt der Brustmuskel zur Verkürzung. Dehnen Sie ihn regelmäßig!

Dehnung von Hüftbeuger und Oberschenkel

Beweglichkeitstraining

Dehnung der Oberschenkelrückseite und der Wadenmuskulatur

Dehnung der Brustmuskulatur und des Trizeps

- *Trizeps*
  Dieser Muskel auf der Oberarmrückseite muss beim Skilanglauf viel Arbeit verrichten (z.B. beim Doppelstockschub). Dehnen Sie ihn am besten nach jedem Training!

- *Gesäß (Gluteus maximus)*
  Fühlt es sich im Bereich der Lendenwirbelsäule und des Steißbeins verklemmt bzw. verspannt an, so kann die abgebildete Dehnübung lockern.

- *Beininnenseite*

Dehnung der Beininnenseite und des Gesäßes

Sommertraining und Ausgleichssport

Damit Sie im Sommer nicht auf die zahlreichen positiven Effekte verzichten müssen, die Skilanglauf auf Ihren Körper und Ihre Gesundheit hat, werden im Folgenden einige Sommer-Sportarten vorgestellt, die in ihren Belastungsmustern stark dem Skilanglaufen ähneln und mit denen Sie Ihre im Winter erworbene Kondition halten oder verbessern können. Probieren Sie aus, finden Sie Ihren Favorit bzw. Ihre Favoriten und haben Sie vor allem Spaß an der frischen Luft!

Nordic Walking, Skigang und Schrittsprünge

Das wohl populärste und weitverbreitetste nordische Sommertraining ist das Nordic Walking. Es kann von jedermann, unabhängig von Alter und Kondition, ausgeübt werden. Der Bewegungsablauf gleicht dem Diagonalschritt der Klassischen Technik und beansprucht in etwa die gleiche Art von Muskeln. Bergauf lässt sich auch gut ein Doppelstockeinsatz mit jedem zweiten Schritt durchführen. Bergab können Sie einen lockeren Doppelstockeinsatz auf jeden dritten Schritt durchführen; diese Technik entspannt und lockert die Muskulatur.

Nordic Walking stellt ein ideales Langlauftraining für die schneefreien Monate dar. Die Belastungssteuerung kann hierbei gut über die Pulsuhr erfolgen. Neben dem lockeren Ausdauertraining in überwiegend flachem Gelände kommen auch gut trainierte Sportler auf ihre Kosten, wenn es steil bergauf geht. Dabei kann der Puls sogar bis auf 80-90 Prozent der maximalen Frequenz steigen. Mit Nordic Walking kann ein intensives und zugleich gelenkschonendes Ausdauertraining absolviert werden. Ein bisschen querfeldein über Wiesen zu laufen oder über Gräben, kleine Bäche und Baumstämme zu springen sorgt für Abwechslung, tolle Naturerlebnisse und Spaß. Nehmen Sie auf die nächste Wandertour einfach mal die Stöcke mit und das Wandern wird zum Fitnesstraining! Durch den Stockeinsatz verlängern sich Ihre Schritte und Sie kommen schneller ans Ziel.

Sie benötigen:
- ein Paar Laufschuhe, am besten eigenen sich Cross-Laufschuhe mit profilierter Sohle. Für Frühjahr und Herbst bei feuchten bzw. nassen Wetterverhältnissen sind Laufschuhe mit Gore-Tex-Membran ideal
- funktionelle, atmungsaktive Laufbekleidung
- Nordic-Walking-Stöcke
- Stocklänge = Körpergröße x 0,65 (Einsteiger)

> **EXPERTENTIPP**
>
> Setzen Sie die Gummikappen für die Spitzen der Nordic-Walking-Stöcke nur dann auf, wenn Sie auf asphaltiertem Boden durch Wohngebiete walken (lautes Klappern)! In allen anderen Fällen, unabhängig von der Bodenbeschaffenheit, gehören die Kappen in die Jacken- oder Gürteltasche. Denn mit diesen Gummikappen findet man auf Asphalt oder anderen harten Böden kaum Halt.
> Denken Sie an den aktiven Stockeinsatz, um den Oberkörper bewusst zu trainieren! Sie können auch Elemente aus den folgenden Unterkapiteln in Ihr Training integrieren.

Sommertraining und Ausgleichssport

Nordic Walking

- Stocklänge = Körpergröße x 0,7 (Fortgeschrittene und Sportler)

Skigang

Wer sein Sommertraining intensivieren möchte, kann sich weitere langlaufspezifische Trainingsmethoden zu Nutze machen. Der Skigang ähnelt dem Nordic-Walking. Er wird ausschließlich in ansteigendem Gelände praktiziert, denn im Flachen oder bergab werden die Kniegelenke nur unnötig belastet; bergab geht man am besten im Nordic-Walking-Schritt. Man kann den Skigang auch mit den Klassikstöcken laufen. Der Unterschied zum Nordic-Walking besteht in einer kleinen Flugphase zwischen den einzelnen Schritten. Man stößt sich etwas kraftvoller ab und erzielt dadurch ein spezifisches Training für die Abstoßkraft im Bein. Die Füße werden hier ganz flach über den Boden geführt. Das Abstoßbein wird in der Schubphase aktiv gestreckt; der Skigang eignet sich sehr gut für ein (extensives) Intervalltraining.

Skigang

Inline-Skating, Nordic Blading und Skirollern

Schrittsprünge mit Nordic-Walking-Stöcken oder mit klassischen Skistöcken

Schrittsprünge
(für Fortgeschrittene)

Die Schrittsprünge sind für Trainierte geeignet, die regelmäßig Sport treiben. Für Ungeübte besteht die Gefahr der Überlastung, wodurch das Verletzungsrisiko deutlich erhöht wird. Mittels der Schrittsprünge kann man im Sommer nach der intensiven Intervallmethode trainieren. Schnellkräftig und explosiv werden weite und relativ hohe Sprünge mit kraftvollem Stockeinsatz in ansteigendem Gelände über eine Strecke von maximal 150 Metern durchgeführt. Trainieren Sie auf einem Wiesen- oder Waldweg, wobei der Boden nicht zu weich und nicht zu hart sein sollte. Der Puls steigt dabei auf bis zu 90 Prozent der maximalen Herzfrequenz. Dieser Sprunglauf wird fünf- bis zehnmal wiederholt; dazwischen werden jeweils Pausen von mindestens 3 bis 5 Minuten eingelegt werden, in denen man locker geht, um den Puls dabei auf 120 oder niedriger sinken zu lassen. Die Schrittsprünge werden mit den klassischen Langlaufstöcken oder mit Nordic-Walking-Stöcken absolviert. Wenn Sie sich richtig auspowern wollen, probieren Sie die Sprünge bergauf aus! Hierzu sollte man sich vorher mindestens 15 Minuten aufwärmen! Im Anschluss an das Sprungtraining kann das »Auslaufen« auch noch auf ein lockeres Ausdauertraining ausgedehnt werden.

Inline-Skating, Nordic Blading und Skirollern

Das Training auf Rollen erzeugt ein ähnliches Laufgefühl wie auf Ski, zudem ähneln die Bewegungsabläufe denen beim Langlaufen auf Schnee. Deshalb ist diese Art des Trainings besonders für ambitionierte Langläufer sehr zu empfehlen.

Sommertraining und Ausgleichssport

Inlineskating

Inline-Skating
Es stellt ein ideales Ausdauertraining auch für Anfänger dar. Mit den Inline-Skates kann man relativ gut bremsen, und je nach Krafteinsatz bestimmt man die Laufgeschwindigkeit und Intensität. Aber Vorsicht, mit den Inline-Skates werden schnell hohe Geschwindigkeiten erreicht. Die Lauftechnik ähnelt der Schlittschuhschritt-Technik beim Skating, zusätzlich können Sie die Arme aktiv mitschwingen. Skaten Sie auf speziell hierfür vorgesehenen Wegen, wie z.B. Radwegen oder Rollerbahnen. Meiden Sie den öffentlichen Straßenverkehr!

Sie benötigen:
- ein Paar Inlineskates
- Helm
- Hand-, Ellenbogen- und Knieschoner

Nordic-Blading
Nordic-Blading kommt der Skating-Technik auf Langlaufski sehr nahe. Sowohl für Frei-

Nordic Blading

Inline-Skating, Nordic Blading und Skirollern

zeitsportler als auch für Ambitionierte stellt es ein sehr gutes Technik- und Konditionstraining dar. Es können alle Teiltechniken des Skatens angewendet und geübt werden. Das Abstoß- und Gleitverhalten unterscheidet sich zwar etwas vom Schneetraining, aber die Bewegungsabläufe sind gleich. Da die Rollen schneller laufen als die Ski, sind die Gleitphasen auf den Inline-Skates zeitlich etwas verkürzt. Man erreicht zudem hohe Geschwindigkeiten, was den Reiz dieser Sportart ausmacht. Sie können die Stöcke, die Sie im Winter laufen auch im Sommer nutzen. Kontrollieren Sie jedoch regelmäßig die Abnutzung der Spitzen. Wer häufig auf Asphalt läuft, sollte sich unbedingt spezielle Roller- oder Nordic-Blading-Spitzen aus gehärtetem Widia-Stahl montieren. Auch hier gilt: Fahren Sie nicht auf öffentlichen Straßen, nutzen Sie Radwege oder Rollerbahnen! Aufgrund der hohen Geschwindigkeiten ist Schutzkleidung Pflicht! Nutzen Sie für das Training keine Speedskates; diese sind zu schnell und erschweren ein effektives Techniktraining. Der Rollendurchmesser des Skates sollte nicht größer als 80 Millimeter sein.

Sie benötigen:
- ein Paar Inline-Skates
- Langlaufstöcke in »Skating-Länge« oder minimal länger
- Helm
- Handschuhe
- Knie- und Ellenbogenschoner

Skiroller
(für Fortgeschrittene und Profis)

Das Laufen auf Rollskiern ist **das** sportartspezifische Sommertraining für Skilangläufer. Die Skiroller eignen sich nur für Geübte, denn die meisten Modelle haben keine Bremse und sind im Handling schwieriger als Inline-Skates. Wer einmal bremsen muss, dem hilft nur der »Rasenstopp«: Man muss dafür mit einem oder beiden Skirollern in den weicheren Boden neben dem Asphalt fahren. Dabei darf man den Rollski aber nicht sofort voll belasten, sondern übt nach und nach mehr Druck aus. Für diese Art des Bremsens verlagert man den Körperschwerpunkt nach unten und weit nach hinten, um nicht nach vorne katapultiert zu werden. Bei diesem etwas riskanten Bremsmanöver ist viel Übung und Gefühl gefragt. Weiter fehlt bei Klassik-Rollern die Führung durch die gespurte Loipe, womit die lauftechnischen Anforderungen hier zusätzlich erhöht sind.

Für den öffentlichen Verkehr sind Skiroller denkbar ungeeignet. Skirollern sollte man nur auf speziellen Skirollerbahnen, wie sie z.B. im thüringischen Oberhof oder in Ramsau am Dachstein zu finden sind. Man kann auch asphaltierte Radwege nutzen, sollte sich aber den Streckenverlauf vorher mit dem Fahrrad anschauen, um schwierig zu fahrende Passagen zu kennen. Dort, etwa bergab um eine Kurve, sollte man sicherheitshalber die Skiroller abschnallen. Achtung, mit den Skirollern kann kein Schneepflug gefahren werden; man muss in Kurven umtreten. Stürze sind in der Regel sehr schmerzhaft und oft mit Hautabschürfungen verbunden, deshalb ist hier größte Vorsicht geboten! Trotzdem ist das Skirollern eine spannende, schwungvolle Herausforderung für Sportler, die viel Spaß

> **KURZ UND KNAPP**
>
> Von der Gesamtbewegung, den Kraft- und Geschwindigkeitsverhältnissen sowie dem Abstoß- und Gleitverhalten her kommt das Skirollern als Sommersport dem Langlaufen am nächsten.

Sommertraining und Ausgleichssport

Leistungssportler beim Skirollertraining

Cross-Skating

Skating-Rollski mit vier Rollen (oben), Klassik-Rollski (unten)

bereitet und den Körper auf gleiche, intensive Weise trainiert wie das Skilanglaufen im Winter. In den Sommermonaten werden vielerorts auch Rollski-Wettkämpfe veranstaltet.

Es gibt Skiroller für die klassische Technik, welche eine eingebaute Rücklaufsperre haben, wodurch man sich nach vorne abstoßen kann. Klassikroller haben zwei oder drei Rollen und die Führungsschiene ist oftmals etwas länger als die eines Skatingrollers. Der Skatingroller hat je nach Hersteller zwischen zwei und vier Rollen. Die Rollen sind ungebremst. Mit Klassik- und Skating-Skirollern lassen sich beide Techniken sehr gut trainieren, was mit Inlineskates nicht der Fall ist. Auf der Führungsschiene ist eine Langlaufbindung montiert, so dass man mit seinen Langlaufschuhen aus dem Winter trainieren kann.

Sie benötigen:
- Klassik-Rollski mit Bindung und Klassik-Stöcke oder
- Skating-Rollski mit Bindung und Skating-Stöcke
- Langlaufschuhe (abgestimmt auf Technik und Bindungssystem)
- Helm
- lange Handschuhe
- Knie- und Ellenbogenschoner
- gegebenenfalls spezielle Asphalt-Stockspitzen

Cross-Skating

Ein vermehrt aufkommender Trend im nordischen Sommertraining ist das Cross-Skating. Neben den »klassischen« Skirollern für Asphalt gibt es Roller-Modelle, die man auf Wald-, Schotter- und Parkwegen nutzen kann; die Wege hierfür sollten jedoch nicht zu uneben oder ausgesetzt sein. »Cross-Skates« tragen verschiedene Markennamen: Nordic-Skate, Cross-Rollski, Offroad-Skate oder »Skike«. Sie stellen eine Mischung aus Rollski und Inline-Skate dar. Das Modell »Skike« kann man mit jedem Sportschuh nutzen, Cross- und Nordic-Skates haben – ähnlich wie Inline-Skates – einen integrierten Schuh. Die Cross-Rollski besitzen eine Langlaufbindung und werden mit normalen Langlaufschuhen gelaufen.

Cross-Skate von Powerslide

Sommertraining und Ausgleichssport

Cross-Rollski (mit Bremse)

Beim Laufen mit Cross-Skates ist ein höherer Kraftaufwand nötig, da der Rollwiderstand im Gelände deutlich größer ist. Das bedeutet auch, dass man nicht allzu hohe Geschwindigkeiten erreicht, was das Cross-Skaten auch für Einsteiger interessant macht. Zudem stehen dem Läufer damit wesentlich mehr Wege zur Verfügung als mit den Skirollern oder Inline-Skates, die an asphaltierten Untergrund gebunden sind. Ein Großteil der Cross-Skates hat Bremsen integriert, worauf besonders Einsteiger bei ihrer Wahl achten sollten. Mit den Cross-Skates können alle Skating-Techniken gelaufen werden. Sommer-Skaten ist eine gute konditionelle Vorbereitung auf den Winter. Zudem ist das Skaten im Sommer etwas leichter zu lernen als auf Schnee. Der sich oftmals tückisch-rutschig verhaltende Schnee im Winter bringt die Skater in der ersten Lernphase manchmal an den Rand der Verzweiflung, weil sie mit den Skikanten kaum Halt finden. Mit den Cross-Skates hat man einen deutlich besseren Grip, womit man sich leichter nach vorne abstoßen kann.

Sommer-Langlauf im »Skitunnel« oder am Gletscher

Im thüringischen Oberhof wurde im Sommer 2009 eine Skihalle für den Nordischen Wintersport eröffnet; hier kann man auch im Sommer Skilanglauf betreiben. In dem tunnelartigen Gebäude befindet sich eine rund 1,7 Kilometer lange Loipe, die auch Abfahrten und Anstiege bereithält. Man kann in der Halle sowohl Skaten als auch in der klassischen Technik laufen. Für beide Techniken sind Spuren präpariert. Bei einer Luftfeuchtigkeit von 80 bis 100 Prozent herrscht eine konstante Temperatur zwischen −3 und −4 Grad bei etwa 30 Zentimetern reiner Kunstschneeauflage; 2011 wurde der Tunnel um eine Biathlon-Schießhalle erweitert.

Schon allein aus Kostengründen wird der Hobbyläufer den »Skitunnel« nicht zum regelmäßigen Training nutzen, aber auch ein Wochenende trainiert Lauftechnik und Kondition. Zudem ist es ausgesprochen spannend, eine solch außergewöhnliche Sportstätte zu testen

Sommer-Langlauf im »Skitunnel« oder am Gletscher

Skilanglauf im Skitunnel in Oberhof

– anstelle von Naturerlebnissen tritt hier ein Staunen darüber, was moderne Technik alles möglich macht.

Gletscher- und Höhentraining

Leistungssportler führen regelmäßig – v.a. im Herbst – Lauftrainings am Gletscher durch. Zum einen, um Training auf Schnee absolvieren zu können und die Lauftechnik zu verbessern; zum anderen, um die positive Wirkung des Höhentrainings, welches zu einer Zunahme der roten Blutkörperchen und damit zu einer Erhöhung der Sauerstofftransportkapazität führt, zu nutzen. Höhentraining wird in einer Lage zwischen 1800 und 2800 Metern durchgeführt. Ein beliebter Gletscher für das Langlauftraining ist der Dachsteingletscher in der Steiermark; dort befindet sich auf einer Höhe von ca. 2700 Metern eine Loipe über rund 15 Kilometer. Gletschertraining ist natürlich kostspielig, aber ein Langlauftag am Gletscher ist ein kleines Abenteuer und bei gutem Wetter ein tolles Naturerlebnis. Ein solches Höhentraining eignet sich allerdings nur für gut trainierte Läufer, da es eine Extrembelastung für den Organismus darstellt. Bei schlechtem Wetter ist davon abzuraten und die Gletscherspalten

Sommertraining und Ausgleichssport

Skilanglauf am Dachsteingletscher, Österreich

Die in Schleifen angelegte Loipe auf dem Dachsteingletscher

stellen ebenfalls eine Gefahrenquelle dar. Trainiert man auf dem Gletscher, so sollte man unbedingt mit Pulsmesser laufen und ausreichend Flüssigkeit mitführen; maximale Belastungen sollten vermieden werden.

Allgemeines Ausdauer-, Kraft- und Koordinationstraining

Neben den »Nordischen« Sommersportarten kann man seine Kondition natürlich auch mittels anderer Sportarten trainieren.

Allgemeines Ausdauertraining
- Mountainbike
  Das Radfahren im Gelände trainiert vorrangig die Ausdauerleistungsfähigkeit und die Beinkraft. Nebenbei werden in ausgesetztem Gelände die koordinativen Fähigkeiten – Reaktions- und Gleichgewichtsfähigkeit – gefordert und verbessert. Das Mountainbiken durch kupiertes Gelände stellt ein sehr gutes Intervalltraining dar. Zu den positiven Trainingsaspekten kommt der Naturgenuss auf schmalen, abgelegenen Pfaden hinzu.
- Rennrad – oder Tourenradfahren
  - gelenkschonend
  - langes bis extrem langes Ausdauertraining möglich (z.B. Mehrtagestouren)
  - entspannend und regenerierend, aber auch aktivierend
- Joggen
  Beginnen Sie mit kurzen Strecken und gewöhnen Sie – vor allem im Frühjahr – Ihre Gelenke langsam an diese Belastung, denn im Vergleich zum sanften Gleiten auf Schnee müssen sich die Knie- und Fußgelenke erst an die harte Beanspruchung

Mountainbiken z.B. in den Dolomiten

Sommertraining und Ausgleichssport

Kraftausdauertraining am AKZ: diagonal und im Doppelstock-Rhythmus

- Aquafitness
  Schwimmen und Aquajogging sind besonders gelenkschonend und bringen neben dem Beintraining auch den Oberkörper, insbesondere Arme, Schultern und Rücken in Schwung. Man kann es jederzeit und wetterunabhängig ausüben.
- Rudern
  - Ganzkörpertraining
  - trainiert Kraftausdauer
  - Nachteile: Materialaufwand, Ortsgebundenheit
  - Alternative: Rudergerät Fitnessstudio
- Armkraftzuggerät (AKZ)
  Dieses Trainingsgerät wurde speziell für Langläufer entwickelt und trainiert ganz isoliert die Kraftausdauer der Arm-, Schulter- und Rückenmuskulatur. Man greift in Schlaufen – ähnlich der Stockschlaufen — und zieht an Seilen, die über eine Mechanik gebremst werden und deren Widerstand sich stufenlos einstellen lässt. Das AKZ hängt etwa auf Kopfhöhe. Man kann im diagonalen Rhythmus ziehen oder die Doppelstocktechnik anwenden (siehe Abb.).

Krafttraining

- Training an Geräten
  Mit dem Krafttraining an Geräten kann man eine gute Kraft-Basis schaffen und gegebenenfalls muskuläre Dysbalancen ausgleichen. Muskelaufbautraining formt einen schönen Körper und unterstützt bei Gewichts- bzw. Fettreduktion, denn je mehr Muskelmasse, desto höher deren Energieverbrauch bzw. die Fettverbrennung. Wenn Sie Bedenken vor riesigen Muskelbergen haben, kann ich Sie beruhigen, 1-2-mal Muskelaufbautraining in der Woche, in Kombination mit einem Ausdauertraining macht Sie nicht gleich zum Bodybuilder! Da beim Skilanglauf fast alle Muskeln (rund 90

gewöhnen. Nutzen Sie dafür vorrangig weichere Böden, wie Wiesen- und Waldwege. Durch regelmäßiges Laufen können Sie Ihre Grundlagenausdauer effektiv trainieren.

Allgemeines Ausdauer-, Kraft- und Koordinationstraining

Krafttraining für den Rücken am Latzug

Prozent) aktiv sind, können Sie auch allen größeren Muskeln Krafttraining gönnen: Ober- und Unterarme, Schultern, Brust, Rücken, Gesäß, Bauch, Ober- und Unterschenkel. Wärmen Sie sich vor dem Krafttraining mindestens 10 Minuten mittels eines Kardiotrainingsgerätes (z.B. Radergometer) auf. Für das anschließende Krafttraining sollte man sich 30-60 Minuten Zeit nehmen. Ca. 10 Minuten Abwärmen auf einem Kardiogerät runden Ihr Training ab.

Krafttrainingsmethoden:
- Kraftausdauertraining
  - Pro Satz 10-20 Wiederholungen
  - Umfang: 3-4 Sätze an einem Gerät
  - ca. 1 Minute Pause zwischen den Sätzen
  - maximal 12 Geräte/Übungen pro Training, kann mehrmals in der Woche durchgeführt werden (geringere Intensität)
- Muskelaufbautraining (für Fortgeschrittene)
  - pro Satz 6-10 Wiederholungen
  - Umfang: 3-6 Sätze pro Gerät
  - 2-3 Minuten Pause zwischen den Sätzen
  - Maximal 10 Geräte/Übungen pro Training, nicht mehr als zweimal pro Woche (relativ hohe Intensität)
- Pyramidentraining (Kombination aus Muskelaufbau- und Kraftausdauertraining)

Die Pyramiden können unterschiedlich gestaltet bzw. aufgebaut sein, hier zwei Beispiele:

Steigende und fallende Pyramide:

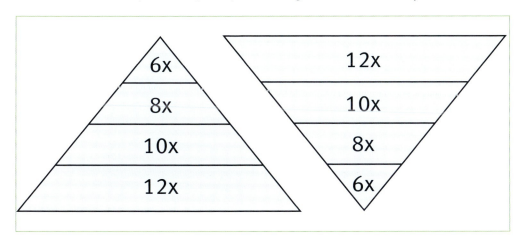

Sommertraining und Ausgleichssport

Skirollern in Klassischer- und Skatingtechnik

Eine Stufe stellt einen Satz mit der jeweiligen Wiederholungszahl dar. Das Gewicht sollte so schwer sein, dass man gerade so die angegebene Wiederholungszahl schafft. Nach jeder Stufe muss das Gewicht angepasst werden. Zwischen den Sätzen wird etwa 2 Minuten Pause gemacht. Diese Pyramiden können einzeln oder nacheinander trainiert werden.

Geeignete Trainingsgeräte sind beispielsweise: Bein- und Wadenpresse, Bizepsmaschine, Seilzug (ideal für Trizeps-, Schulter- und Rückentraining), Bauchpresse, Beinbeuger und -strecker, Abduktionsmaschine, Latzug, Butterflymaschine.

- Krafttraining mit Kleingeräten
  Es gibt eine Vielzahl an Kleingeräten, mit denen man den gesamten Körper umfangreich trainieren kann, hier eine Auswahl:
  - Pezziball
  - Thera-Tube
  - Redondo-Ball
  - Sling-Trainer
  - Hanteln etc.

Bizepstraining mit dem Thera-Tube

Allgemeines Ausdauer-, Kraft- und Koordinationstraining

Kraft- und Koordinationstraining (Stabilisationstraining) mit dem Pezzlball

Kraft- und Koordinationstraining (Stabilisationstraining) mit dem Sling-Trainer

Sommertraining und Ausgleichssport

Kraft- und Koordinationstraining (Stabilisationstraining) mit dem Redondo-Ball

»Wandsitzen«: je nach Kondition 1-5 Min.

- Kräftigungsübungen ohne Geräte (Stabilisationsübungen)
  - Liegestütz – dynamisch oder statisch halten, wichtig: Bauch mit anspannen, damit kein Hohlkreuz entsteht
  - Seitstütz – statisch halten oder Hüfte leicht senken und heben, wichtig: Körper gerade halten
  - Sit-ups – gerade und schräg, wichtig: Lendenwirbelsäule immer fest am Boden halten
  - Oberschenkeltraining – »Wandsitzen« (statisch) (siehe Abb.), Kniebeugen (dynamisch)

Koordinationstraining

Koordinationstraining dient vor allem dazu, das Zusammenspiel vieler Muskeln zu verbessern. Besonders stabilisierende und tieferliegende Muskeln, die auch im Alltag wichtig sind und oft die Ursache von Verspannungen oder Rückenbeschwerden dar-

Allgemeines Ausdauer-, Kraft- und Koordinationstraining

stellen, werden hierbei angesprochen. Jede Kräftigungsübung – ob mit oder ohne Geräte – beinhaltet auch koordinative Elemente; man kann den Effekt dieser Übungen aber noch steigern und seine Muskeln intensiver trainieren, indem man einen instabilen Untergrund wählt. Derartige Übungen trainieren besonders die dynamische Gleichgewichtsfähigkeit, die für das Skilanglaufen so wichtig ist!

Ein paar Beispiele für Übungen, mit denen sich die Koordination verbessern lässt:
- Brett auf Rolle
- Balancieren/Slackline
- Übungen auf Kreiseln, Balance-Pads oder Aero-Steps
- Einrad fahren, Pedalo etc.
- Lauf-ABC (Skippings, seitlich/überkreuz/rückwärts laufen, anfersen, slalomlaufen, Hopserlauf, Sprunglauf/kurze Sprints etc.)

Training mit dem Aero-Step (wackelige Unterlage) und kleinen Hanteln

Balancieren auf der Slackline

Auf einem Brett mit Rolle balancieren.

Beschilderung und Hinweise

Verantwortung und Verhalten

Beschilderung und Hinweise

Auf der Loipe finden sich zahlreiche verschiedene Hinweisschilder, manchmal gar richtige »Schilderwälder« – Streckenausschilderungen und Beschreibungen, Verbotsschilder, richtungsweisende Schilder, Hinweise zu Einkehrmöglichkeiten oder Sehenswürdigkeiten etc.

Loipen müssen nicht unbedingt mit DSV-Schildern gekennzeichnet sein. Sie können auch – je nach Gemeinde – unterschiedlich gestaltet sein; hier ein Beispiel aus Gersfeld in der Rhön.

Loipenschilder des »DSV nordic aktiv zentrum« – blau (leicht), rot (mittelschwer), schwarz (schwer). Das Schild oben gibt den Hinweis, dass zum »Holzberghof« nur eine Klassik-Loipe führt. Auf den drei folgenden Schildern sind ein Klassisch-Läufer und ein Skater abgebildet, somit können diese Strecken in beiden Techniken gelaufen werden.

Es können nicht auf allen Strecken Skating- und Klassik-Spuren parallel angelegt werden. So kann auch folgendes Schild deutlich machen, dass hier nur klassisch gelaufen werden darf.

163

Verantwortung und Verhalten

Bei dieser Beschilderung in Reit im Winkl sind die Loipen nicht nur mit blau, rot und schwarz gekennzeichnet, sondern haben auch ein Höhenprofil und Streckenlängenangaben.

Unübersichtliche oder gefährliche Geländepassagen dürfen zuweilen nur in einer Richtung befahren werden; deshalb trifft man hin und wieder auch auf das aus dem Straßenverkehr bekannte »Einfahrt verboten«-Schild.

Laufen Sie immer aufmerksam und nehmen Sie Warn- oder Verbotsschilder ernst!

Touren- und Trainingsplanung

Unterschätzen Sie den Flüssigkeitsverlust beim Skilanglauf nicht! Trotz niedriger Außentemperatur ist der Schweißverlust hoch, da bis zu 90 Prozent der Muskeln unseres Körpers bei dieser Bewegung aktiv sind. Durch die kühle Umgebung ist das Durstgefühl nicht besonders ausgeprägt. Trinken Sie gerade auf längeren Touren spätestens nach 30 Minuten einige Schlucke, auch wenn Sie keinen Durst verspüren! Wenn Sie länger als eine Stunde unterwegs sind, nehmen Sie **ausreichend Flüssigkeit** mit! Dies kann in Form eines isolierten Trinkgurts erfolgen (siehe Abb.), der um den Bauch geschnallt wird. In der Regel befindet sich an diesem Gurt noch eine Tasche, in die man zwei bis drei Müsliriegel oder andere **kleine Snacks** packen kann. Dieser Gurt eignet sich für das »normale« Training und für Halbtagestouren, wenn man keine zusätzliche Kleidung mitnehmen möchte.

Ganz wichtig: Nehmen Sie grundsätzlich Ihr **Mobiltelefon** mit – auch auf kleinen Trainingsrunden! Oft läuft man kilometerweit entfernt von der nächsten Hütte und kann

Isolierter Trinkgurt mit Tasche

so dennoch schnell einen Notruf absetzen. Damit können Sie nicht nur sich selbst helfen, sondern auch anderen.

Sind Sie länger als einen halben Tag unterwegs, empfiehlt es sich, einen (kleinen) **Rucksack** mitzunehmen. Darin befindet sich ein **Wärme- und Nässeschutz** für den Fall, dass wechselhaftes Wetter gemeldet ist. Denken sie auch an Wechselkleidung, damit Sie sich, wenn Sie verschwitzt eine längere Pause einlegen möchten, zumindest am Oberkörper (Unterwäsche + Laufshirt) umziehen können. Feuchte, nasse Kleidung auf der Haut kann schnell zu (Unter-)Kühlung führen.

Planen Sie bei langen Touren eine Einkehrmöglichkeit bzw. längere Pause ein. Besteht keine Möglichkeit einzukehren, packen Sie sich **Essen** ein. Hier eignen sich v.a. kohlenhydratreiche Nahrungsmittel wie Müsli-/Energieriegel, belegte Brote, Bananen/Äpfel oder Kekse.

Scheint die Sonne? Setzen Sie eine **Sonnenbrille** auf! In höheren Lagen oder bei Touren im Frühjahr hat die Sonne Kraft – denken Sie an die Sonnencreme! Auch wenn die Sonne nicht scheint, reflektiert der Schnee doch die UV-Strahlung aus der Luft.

Wenn Sie einen Wachsski laufen, stecken Sie sich etwas **Steigwachs** ein, damit Sie gegebenenfalls nachwachsen können!

Vorbildlich wäre es, wenn Sie ein kleines **Erste-Hilfe-Set** und eine **Rettungsdecke** dabei haben. Ein solches Set mit Decke passt auch in die Tasche des Trinkgurtes – so laufen Sie mit dem guten Gefühl, schnell helfen zu können!

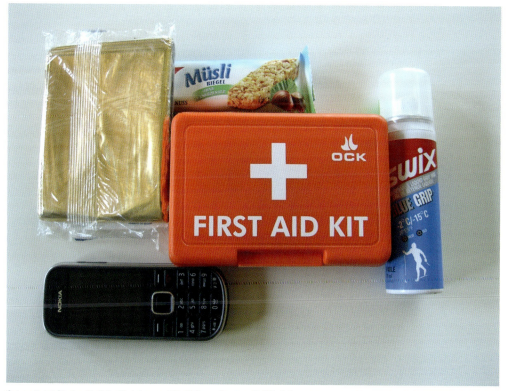

Gut gerüstet für das tägliche Training und für kleinere Touren: Mobiltelefon, Steigwachs, Energieriegel, Rettungsdecke und Erste-Hilfe-Set; diese Dinge gehören in den Trinkgurt oder neben einer Trinkflasche in einen kleinen Rucksack.

Verantwortung und Verhalten

Nehmen Sie sich eine **Loipenkarte** zur Hand, wenn Sie sich auf unbekannten Strecken bewegen. Auf Loipen ist es zwar schwer, sich zu verirren, denn jede Loipe führt irgendwo hin. Doch kann man anhand einer Karte einschätzen, wie lang und wie schwierig die geplante Strecke ist. Auf diese Weise lassen sich Überforderungen vermeiden. Schauen Sie besonders nach dem **Schwierigkeitsgrad der Strecke**: zu bewältigende Höhenmeter, Anstiege und Abfahrten, Markierungen in blau, rot oder schwarz, Streckenlänge etc.

FIS-Verhaltensregeln für Skilangläufer

Halten Sie sich an die von der FIS (Welt-Skiverband) aufgestellten Regeln für Skilangläufer:

1. **Rücksichtnahme auf die anderen**
   Jeder Langläufer muss sich so verhalten, dass er keinen anderen gefährdet oder schädigt.

2. **Signalisation, Laufrichtung und Lauftechnik**
   Markierungen und Signale (Hinweisschilder) sind zu beachten. Auf Loipen und Pisten ist in der angegebenen Richtung und Lauftechnik zu laufen.

3. **Wahl von Spur und Piste**
   Auf Doppel- und Mehrfachspuren muss in der rechten Spur gelaufen werden. Langläufer in Gruppen müssen in der rechten Spur hintereinander laufen. In freier Lauftechnik ist auf der Piste rechts zu laufen.

4. **Überholen**
   Überholt werden darf rechts oder links. Der vordere Läufer braucht nicht auszuweichen. Er sollte aber ausweichen, wenn er es gefahrlos kann.

5. **Gegenverkehr**
   Bei Begegnungen hat jeder nach rechts auszuweichen. Der abfahrende Langläufer hat Vorrang.

6. **Stockführung**
   Beim Überholen, Überholtwerden und bei Begegnungen sind die Stöcke eng am Körper zu führen.

Fit durch Skilanglauf

Respekt gegenüber der Natur

7. **Anpassung der Geschwindigkeit an die Verhältnisse**
   Jeder Langläufer muss, vor allem auf Gefällstrecken, Geschwindigkeit und Verhalten seinem Können, den Geländeverhältnissen, der Verkehrsdichte und der Sichtweite anpassen. Er muss einen genügenden Sicherheitsabstand zum vorderen Läufer einhalten. Notfalls muss er sich fallen lassen, um einen Zusammenstoß zu verhindern.
8. **Freihalten der Loipen und Pisten**
   Wer stehen bleibt, tritt aus der Loipe/Piste. Ein gestürzter Langläufer hat die Loipe/Piste möglichst rasch freizumachen.
9. **Hilfeleistung**
   Bei Unfällen ist jeder zur Hilfeleistung verpflichtet.
10. **Ausweispflicht**
    Jeder, ob Zeuge oder Beteiligter, ob verantwortlich oder nicht, muss im Falle eines Unfalles seine Personalien angeben.

(Quelle: Stiftung Sicherheit im Skisport (DSV) www.ski-online.de)

»Skibergsteigen umweltfreundlich«

Respekt gegenüber der Natur

Die Winterzeit ist für Wildtiere Ruhezeit und gleichzeitig auch Notzeit. Die Fortbewegung im Schnee, besonders die Flucht, verbraucht ein Vielfaches mehr an Energie als es im Sommer der Fall ist. Deshalb ist es wichtig, dass man die geschwächten Tiere, die nur ein begrenztes Energiereservoir haben, nicht unnötig stört. Auch ein Aufwachen aus dem Winterschlaf kostet sie viel Energie. Um das Wild und die Natur zu schonen, beachten Sie folgende Punkte:

- Wenn Sie abseits der Loipe gehen wollen, nutzen Sie freie Flächen, um die Wildtiere nicht zu stören
- Vermeiden Sie übermäßigen, unnötigen Lärm
- Laufen Sie nicht in der Morgen- und Abenddämmerung
- Lassen Sie ihren Hund nicht frei im Wald laufen
- Bleiben Sie bei einer Begegnung mit Wildtieren ruhig stehen oder bewegen Sie sich langsam vom Wild weg
- Beachten bzw. nutzen Sie mögliche Markierungen und Hinweise, z.B. das grüne runde Schild des Deutschen Alpenvereins »Skibergsteigen umweltfreundlich« (siehe Abb.) (Quelle: www.alpenverein.de)
- Wenn Sie unterwegs essen und trinken, werfen Sie die Verpackung bzw. den Müll nicht in die Natur – Abfall gehört in die Mülltonne!

Skilanglaufregionen und Loipeninfos

Deutschland
- Harz, ca. 200 Loipenkilometer (nicht zusammenhängend), www.wintersport.harzinfo.de
- Sauerland, ca. 200 Loipenkilometer (nicht zusammenhängend), www.wintersport-arena.de
- Rhön, ca. 200 Loipenkilometer (nicht zusammenhängend), www.rhoen.de, www.gersfeld.de, www.rhoen-wintersport.de
- Vogelsberg, 60 Loipenkilometer, www.vogelsberg-touristik.de
- Thüringer Wald/Oberhof, 400 Loipenkilometer (nicht zusammenhängend), www.oberhof.de
- Erzgebirge, 210 Loipenkilometer (nicht zusammenhängend), www.oberwiesenthal.de
- Feldberg (Schwarzwald), 37 Loipenkilometer, www.liftverbund-feldberg.de
- Todtnauer Ferienland (Schwarzwald), 139 Loipenkilometer, www.todtnauer-ferienland.de
- Hinterzarten (Schwarzwald), 140 Loipenkilometer, www.hinterzarten.de
- Oberstdorf/Kleinwalsertal, 130 Loipenkilometer, www.oberstdorf.de
- Garmisch-Partenkirchen, 133 Loipenkilometer, www.garmisch-partenkirchen.de
- Reit im Winkl, 90 Loipenkilometer, www.reitimwinkl.de
- Berchtesgaden, 61 Loipenkilometer, www.berchtesgaden.de
- Balderschwang 45 Loipenkilometer (über 1000m ü.NN), www.balderschwang.de
- Vitales Land (Zusammenschluss Allgäu und Tirol u. a. mit Tannheimer Tal, Jungholz, Nesselwang...), www.vitalesland.de
- Oberstaufen, 110 Loipenkilometer, www.oberstaufen.de
- Rettenberg, 72 Loipenkilometer, www.rettenberg.de
- Schliersee/Spitzingsee, 30 Loipenkilometer, www.schliersee.de
- Bayrisch-Zell, 40 Loipenkilometer, www.bayrischzell.de
- Chiemgau, 100 Loipenkilometer, www.ruhpolding.de
- Fichtelgebirge/Ochsenkopf, 300 Loipenkilometer, www.bischofsgruen.de
- Arbergebirge/Bayer. Wald, 90 Loipenkilometer, www.bodenmais.de
- Bischofsmais/Bayer. Wald, 85 Loipenkilometer, www.bischofsmais.de

Schwungvoller Doppelstock mit Zwischenschritt bei bester Aussicht

Anhang

Österreich
- Ramsau/Dachstein/Tauern, 300 Loipenkilometer, www.ramsau.com
- Seefeld /Tirol, 280 Loipenkilometer, www.seefeld-tirol.com
- Hochkönig, 130 Loipenkilometer, www.hochkoenig.at
- Kitzbuehel, 120 Loipenkilometer, www.kitzbuehel.com
- Tannheimertal, 140 Loipenkilometer, www.tannheimertal.com
- Achensee, 200 Loipenkilometer, www.achensee.info
- St. Johann in Tirol, 250 Loipenkilometer, www.ferienregion.at
- Bregenzerwald, 300 Loipenkilometer, www.bregenzerwald.at
- Nauders/Reschenpass, 80 Loipenkilometer, www.nauders.com
- Serfaus-Fiss-Ladis, 118 Loipenkilometer, www.serfaus-fiss-ladis.at
- Galtür-Paznaun, 100 Loipenkilometer, www.galtuer.com
- Wilder-Kaiser, Brixenthal, 170 Loipenkilometer, www.kaiserwinkel.com
- Zillertal, 200 Loipenkilometer, www.zillertal.at
- Montafon, 100 Loipenkilometer, www.montafon.at
- Fieberbrunn/Pillerseetal, 110 Loipenkilometer, www.pillerseetal.at
- Alpbachtal, 100 Loipenkilometer, www.alpbachtal.at
- Reutte, 120 Loipenkilometer, www.reutte.com
- Lechtal, 100 Loipenkilometer, www.naturpark-lechtal.at

Im Doppelstock um die Wette

Skilanglaufregionen und Loipeninfos

Eine gemütliche Trainingsrunde zu dritt

Südtirol / Italien
- Seiser Alm, 100 Loipenkilometer, Langlaufkarussel »Dolomiti Nordic Ski« insgesamt 1300 Loipenkilometer, www.seiseralm.com, www.dolomititour.com
- Eggental, 100km, www.eggental.com, www.suedtirol.com
- Hochpustertal/Obertilliach, 120 Loipenkilometer, www.hochpustertal.info, www.pustertal.orgf
- Antholzer Tal, 60 Loipenkilometer, www.antholz.com
- Val di Fiemme, 150 Loipenkilometer, www.aptfiemme.tn.it
- Fassatal, 80 Loipenkilometer, www.canazei.it

Schweiz
- Davos, 112 Loipenkilometer, www.davos.ch
- Oberengadin: Silvaplana/St. Moritz, 230 Loipenkilometer, www.stmoritz.ch
- Unterengadin, 137 Loipenkilometer, www.scoul.ch
- Appenzell, 150 Loipenkilometer, www.appenzellerland.ch
- Arosa, 30 Loipenkilometer, www.arosa.ch
- Andermatt, 28 Loipenkilometer, www.andermatt.ch
- Adelboden, 60 Loipenkilometer, www.adelboden.ch
- Saas Fee, 35 Loipenkilometer, www.saas-fee.ch
- Engelberg, 40 Loipenkilometer, www.engelberg.ch

Frankreich
- Charmonix, 145 Loipenkilometer, www.charmonix.com
- Les Trois Vallees, 132 Loipenkilometer, www.courchevel.com
- Alpe d'huez, Isere, 100 Loipenkilometer, www.alpedhuez.com
- Grand Massif, Hochsavoyen, 130 Loipenkilometer, www.grand-massif.com
- Les Arcs, 30 Loipenkilometer, www.lesarcs.com

Rechtliche Grundlagen

- Recht auf freie Wahl der Sportstätte
Grundsätzlich folgt das freie Betretungsrecht der Natur aus Art. 2 Abs. 1 des Grundgesetzes: »Jeder hat das Recht auf die freie Entfaltung seiner Persönlichkeit, soweit er nicht die Rechte anderer verletzt und nicht gegen die verfassungsmäßige Ordnung oder das Sittengesetz verstößt.« Wie schon der Wortlaut zeigt, unterliegt dieses Recht jedoch gewissen Einschränkungen, die sich etwa aus dem Schutz und der Erhaltung der Tier- und Pflanzenwelt sowie aus dem ebenfalls (verfassungs-) rechtlich geschützten Eigentum Dritter ergeben. Privateigentümer sind gemäß Art. 14 Abs.1 u. 2 des Grundgesetzes dazu verpflichtet, in gewissem Umfang die Nutzung durch die Allgemeinheit zuzulassen (z.B. ein Wiesengrundstück für Loipenpräparation und Loipenbenutzung freizugeben).
- Verkehrssicherungspflicht
Wer ein Gelände der Öffentlichkeit zugänglich macht, hat dafür die Verkehrssicherungspflicht zu übernehmen. Einer hieraus möglicherweise erwachsende Haftung sind aber dort Grenzen gesetzt, wo die Gefahr beseitigt oder ausreichend auf sie hingewiesen (z.B. durch Schilder) wurde bzw. alle Vorsichtsmaßnahmen, die einen Schadenseintritt verhindern können, ergriffen wurden. Ist eine Gefahr, ein Schadenseintritt atypisch, d.h. nach menschlichem Ermessen nicht vorhersehbar, liegt kein Verstoß gegen die Verkehrssicherungspflicht vor. Einzelne Bundesländer, wie beispielsweise Bayern haben die Verkehrssicherungspflicht und das Verhalten der Skifahrer sowie Verstöße speziell durch Gesetze und Verordnungen geregelt.
- Verantwortung
Die Bereitschaft und Fähigkeit, bei einem Unfall die Verantwortlichkeit oder im Schadensfall die Schuld bei sich selbst zu suchen, reduzierte sich in den vergangenen Jahren zusehends. Skisport kann zwar gemäß den oben erwähnten Bestimmungen fast überall und von jedem betrieben werden, dies erfolgt grundsätzlich jedoch immer auch auf eigene Gefahr. Jeder Skiläufer, ob Langlauf oder Alpin, sollte sich seiner eigenen Leistungsfähigkeit bewusst sein und seine Grenzen kennen. So gilt es, nach diesem Grundsatz der Eigenverantwortlichkeit, sein Handeln stets an diesen Grenzen auszurichten und immer »Herr der Lage« zu bleiben um Unfälle und somit Sach- und Körperschäden zu vermeiden und den Spaß am Skifahren zu erhalten. Beachten sie hierzu insbesondere auch die FIS-Verhaltensregeln für Langläufer auf Seite 166 f.!

Stimmungsvoll genießen!

Schlussbemerkung

Ich hoffe, dass die Erwartungen, die Sie in dieses Buch gesetzt haben, nicht enttäuscht wurden, dass es Ihnen gefallen und weitergeholfen hat, dem Langlaufsport ein Stück näher zu kommen und Ihre vielleicht schon vorhandenen Kenntnisse über diese Sportart zu vertiefen. So wünsche ich Ihnen die nötige Ausdauer und Motivation, vor allem aber viel Erfolg und Spaß beim Erreichen Ihrer persönlichen Ziele.

Obwohl ich mich bemüht habe, das Essentielle dieses umfassenden Themengebietes aufzuführen und detailliert und verständlich zu beschreiben, bin ich der Überzeugung, dass man die zum Teil sehr komplexen Bewegungsabläufe, vor allem im »Skating«, nicht allein durch die Lektüre eines Buches wie des vorliegenden verinnerlichen kann. Idealerweise sollten Sie das Studium dieses Buches mit einem Skikurs kombinieren, bei dem Sie von einem Profi individuelle Rückmeldungen und Hilfestellungen erhalten.

Eine gute Hilfe stellt auch eine Videoanalyse dar; lassen sie sich von einem Freund/einer Freundin oder Skilehrer beim Techniktraining filmen und korrigieren!

Klassisch aus einer ungewöhnlichen Perspektive

Interessante Links

- www.xc-ski.de (Alles rund um Skilanglauf)
- www.fischersports.com
- www.atomic.com
- www.rosignol.com
- www.swix.de
  (Wachstipps »Swix School«/Skiwachse)
- www.tour-de-ski.com
- www.oberhof-skisporthalle.de (Skitunnel)
- www.ramsau.com
- www.ski-online.de
- www.bergfex.de (Infos zu Regionen/Loipen)
- www.cross-skating.de
- www.virtuelle-loipe.de
- www.skilanglaufschule-rhoen.de

Infos zum Skiroller-Equipment:
- www.skadix-skiroller.de/
- www.siriro.de (Skiroller)

Quellenverzeichnis/Literatur

De Marées, Horst »Sportphysiologie«, Strauß 2003

Escher, Doreen/Ertl, Peter/Rübensal, Klaus »Nordic Skiing«, Deutscher Skiverband 2007

Hemmersbach, Arnd/Franke, Stéphane »Skilanglauf. Ausrüstung–Skipräparation–Lauftechnik–Training«, Copress 2008

Hottenrott, Kuno/Urban, Veit »Das große Buch vom Skilanglauf«, Meyer&Meyer 2004

Polednik, Heinz »Weltwunder Skisport. 6000 Jahre Geschichte und Entwicklung des SKI-SPORTS«, Welserbühl 1969

Scherer, Hans-Georg »Gleiten«, in: Sportpädagogik H. 6 (2004) 4–9

Schmidt, Dr. Mathias R./Helmkamp, Andreas/Winski, Norbert/Mack, Norbert »Gesund und fit mit Pulsuhr«, Parzeller 2005

Schoder, Gustav »Skilauf und Snowboard in Lehre und Forschung (14)«, Czwalina 2003

Schuh, Angela »Kälteadaptation verbessert Trainingserfolge« Fortschr. Med. 107. Jg. Nr. 22 (1989) 26/472

Schuh, Angela »Fitter durch ›Kältetraining‹?« Sportmedizin 6 (1990) 64–69

Schuh, Angela »Ausdauertraining bei gleichzeitiger Kälteadaptation: Auswirkungen auf den Muskelstoffwechsel«, Phys.Rehab.Kur Med 1 (1991) 22–28

Schuh, Angela »Die Beeinflussung des Milchsäurespiegels im Blut durch kühle Umgebungsbedingungen«, In: P. Bernett, D. Jeschke (Hg.) Sport und Medizin, Pro und Contra. Zuckschwerdt Verlag, (1991) 851–853

Schuh, A. »Neue Ergebnisse zur heilklimatischen Bewegungstherapie: Training und Kälte«, Z. Phys. Med.Baln.Med.Klim. 15 (1986) 297

Schwirtz, Ansgar »DSV Lehrplan Skilanglauf. Technik–Methodik–Training«, Deutscher Skiverband 2006

Weineck, Jürgen »Optimales Training«, 15. Aufl., Spitta Verlag 2007

Willimczik, Klaus (Hg.) »Biomechanik der Sportarten. Grundlagen–Methoden–Analysen«, Rowohlt 1989

Wöllzenmuller, Ulrich/Wenger, Ulrich »Richtig Skilanglauf«, BLV 2011

http://www.christophreich.ch/2006/10/27/sport-und-stress/
http://www.vasaloppet.se
http://www.birkebeiner.no/English/Rennet/
http://www.urlaub-reise-wegweiser.de

Register

1:1-Technik 116 f.
2:1-Technik (Führarmtechnik) 112 ff.
2:1-Technik mit aktivem Armschwung 109 ff.

A
Abfahrtstechnik 95 f., 118 f.
Abhärtung 19
Abziehklinge 49, 52
Abziehklinge (schmal) 54, 59
AKZ 154
Aufbau eines Langlaufskis 31
Ausdauertraining (allgemein) 153 f.
Ausrüstung 32

B
Base-Wachs 55 ff.
Bekleidungstipps 42
Beschilderung 163 f.
Beweglichkeitstraining 134 ff.
Bremstechniken 70 ff.
Bindungssysteme 37 f.
Birkebeiner 23
Bogentreten 76 ff.
Brustschwimmen 105 f.
Bürsten 49, 52

C
Cross-Skating 149 f.

D
Dehnübungen 138 ff.
Diagonalschritt 89 ff.
Diagonalskating 118
Doppelstock 91 f.
Doppelstock mit Zwischenschritt 93 f.

E
Einsommern der Ski 47
Ernährung 133 f.

F
Fellski 34
FIS-Verhaltensregeln 166 f.
Führarmwechsel 115

G
Gerätetraining 154 ff.
Geschichte des Skilanglaufs 21 ff.
Gleitwachse 50
Gleitwachsreiniger 50
Grätenschritt 94 f.
Grundlagenausdauer 129
Grundwachs 55 ff.

H
Halbpflug 72
Halbschlittschuhschritt 103 f.
Hartwachs 54 ff.
Höhentraining 151 f.

Durch perfekt präparierte Loipen gleiten ist einfach herrlich!

Anhang

I
Inlineskating 145 f.

K
Klassische Technik 85 ff.
Klister 55, 58, 59
Koordinationstraining 158 f.
Korken 54
Krafttraining (allgemein) 154 ff.
Kurventechniken 73 ff.

L
Langlaufschuhe 40 ff.
Langlaufstock 38 f.
Leistungssteigerung 19

M
Messplatte (Steigzonenvermessung) 36
Mobilisationsübungen 135 ff.
Muskelkater 132 f.

Natur pur!

N
Nordic Blading 146 f.
Nordic Cruising 97 f.
Nordic Cruising Ski 33
Nordic Offtrack Cruising Ski 34
Nordic Walking 143 f.
Nowax-Ski 33 f.

O
Offtrack Cruising 98 f.

P
Papiertest 35 f.

R
Reinigung Steigzone 59 f.
Rillenspachtel 49, 51
Ruheherzfrequenz 132

S
Schlittschuhschritt 104 f.
Schneepflug 70 f.
Schrittsprünge 145
Schuppenski 33 f.
Stahlbürste 52
Side-Step 66
Skating 103 ff.
Skatingski 36 f.
Ski für die klassische Lauftechnik 32 ff.
Skiaufbereitung 60 f.
Skiclipse 47
Skigang 144
Skilänge (klassisch) 35
Skilänge (Skating) 37
Skipräparation 47 ff.
Skirollern 147 ff.
Skitunnel 150 f.
Spurwechsel 78 ff.
Stahlabziehklinge 60
Steigwachse 54 f.
Steigzonenbestimmung 35 f.
Stocklänge 39 f.

Strukturgerät 53
Strukturieren der Gleitfläche 53

T
Technikwechsel (klassisch) 96 f.
Technikwechsel (Skating) 119 ff.
Telemarkschwung 76
Trainingseinheit 126 f.
Trainingsmethoden 129 f.
Trainingsprinzipien 127 ff.
Trainingspuls 131 f., 129 ff.
Treppenschritt 66
Trinkgurt 164

W
Wachsbock 48
Wachsbügeleisen 49
Wachsentferner 60
Wachsen der Gleitflächen 50 ff.
Wachsski 35
Wildschweinbürste 52

Z
Zero Ski 33
Zero-Spray 60

Skilanglauf macht einfach Spaß!

Ebenfalls erhältlich ...

ISBN 978-3-7654-5566-7

ISBN 978-3-7654-5779-1

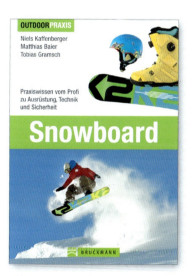

ISBN 978-3-7654-5877-4

ISBN 978-3-7654-5149-2

www.bruckmann.de

Verena Niebling, geb. 1986, erstes Staatsexamen Sport und Germanistik, Trainerscheine Skilanglauf und Ski Alpin (DSV), Zusatzqualifikationen zur Sport- und Klimatherapeutin, Fitnesstrainerin, besitzt eine eigene Skilanglaufschule und ist am liebsten draußen in Bewegung und genießt die Natur in vollen Zügen zu allen Jahreszeiten!

Impressum

Unser komplettes Programm:
www.bruckmann.de

Produktmanagement: Susanne Kaufmann
Layout: Medienfabrik GmbH, Stuttgart
Repro: Cromika, Verona
Grafiken: Christiane von Solokoff, Neckargemünd
Herstellung: Anna Katavic
Printed in Italy by Printer Trento

Alle Angaben des Werkes wurden von den Autoren sorgfältig recherchiert und auf den aktuellen Stand gebracht sowie vom Verlag geprüft. Für die Richtigkeit der Angaben kann jedoch keine Haftung übernommen werden. Für Hinweise und Anregungen sind wir jederzeit dankbar. Bitte richten Sie diese an:
Bruckmann Verlag
Postfach 40 02 09
80702 München

Alle Aufnahmen stammen von der Autorin mit folgenden Ausnahmen:
Agence Zoom: S. 8, 9; alpenverein.de: S. 167; APN: S. 20; Atomic/atomic.com: S. 30, 34 o., 42, 61 u., 80, 109; Comet, Zürich: S. 19; Fischer/fischersports.com: S. 2/3, 4, 5, 6, 7, 10, 12/13, 14, 28/29, 33 (4), 34 u. (2), 35, 37 o. (2), 40, 44/45, 46, 56 u., 62/63, 64, 82/83, 84, 98, 99 (2), 100/101, 102, 113, 120, 122/123, 140/141, 160/161, 162, 166, 168/169, 170, 171, 172, 173, 174/175, 176, 178, 179, 180/181, 182, 184/185, 186, 187, 188, 189, 190; Foto Lohr, Graz: S. 22 o.; Fotolia.com: S. 43, 65, 85, 177; Arnd Hemmersbach: S. 124; Steffen Korell: S. 192; Luther, C.J., Bilderbuch alter Schneeläufer, Erfurt 1942: S. 24 o.; Österreichische Fremdenverkehrswerbung, Wien: S. 21; Archiv Heinz Polednik: S. 26 o.; Polednik, H., Weltwunder Skisport: S. 23; Powerslide.de: S. 149 u.; Ramsau.at: S. 152 (2); wikipedia: S. 22; Wintersportmuseum Mürzzuschlag: S. 24 u.; Votava, F., Wien: S. 18

Umschlagvorderseite: Mit der richtigen Technik läuft es sich fast von allein.
Umschlagrückseite: Bei bestem Wetter: Ab auf die Bretter!

Die Deutsche Nationalbibliothek verzeichnet diese Publikation in der Deutschen Nationalbibliografie; detaillierte bibliografische Daten sind im Internet über http://dnb.d-nb.de abrufbar.

© 2013 Bruckmann Verlag GmbH, München

ISBN 978-3-7654-4120-2